职业教育财经类专业教学用书

会计模拟实训与指导

主　编　吴本章　刘　霞　吴红玉
副主编　袭　凤　周　娟　韩新红

電子工業出版社
Publishing House of Electronics Industry
北京 • BEIJING

内 容 简 介

本书为中等职业学校会计专业和会计电算化专业的主要课程教材，是根据国家新一轮职业教育教学改革精神和《中等职业学校专业目录》要求，为满足中等职业学校人才培养和企业会计岗位人员培训需求而编写的。本书包括会计凭证模拟实训、会计账簿模拟实训、出纳岗位模拟实训、材料会计岗位模拟实训、成本会计岗位模拟实训、收入利润会计岗位模拟实训、企业综合模拟实训，共计七个项目，基本涵盖了企业正常经营过程中涉及的主要会计业务。本书内容贴近企业会计实务，提供了大量企业经营过程中常用的各类原始凭证，可加强学生对会计实际业务的深入了解；紧密配合国家最新会计及税收法规，将2018年开始实施的税改相关规定编入了教材内容，保证了教材建设与国家财经法规政策的同步性。

本书既可作为中等职业学校会计专业教材，也可作为企业在职会计人员培训和参考用书。

本书还配有电子教学参考资料包（包括电子教案、教学指南和习题答案），详见前言。

图书在版编目（CIP）数据

会计模拟实训与指导 / 吴本章，刘霞，吴红玉主编. —北京：电子工业出版社，2018.9
ISBN 978-7-121-35092-4

Ⅰ. ①会… Ⅱ. ①吴… ②刘… ③吴… Ⅲ. ①会计学－中等专业学校－教材 Ⅳ. ①F230

中国版本图书馆CIP数据核字（2018）第217796号

策划编辑：徐　玲
责任编辑：王凌燕
印　　刷：北京虎彩文化传播有限公司
装　　订：北京虎彩文化传播有限公司
出版发行：电子工业出版社
　　　　　北京市海淀区万寿路173信箱　邮编　100036
开　　本：787×1 092　1/16　印张：15　字数：384千字
版　　次：2018年9月第1版
印　　次：2018年9月第1次印刷
定　　价：35.00元

凡所购买电子工业出版社图书有缺损问题，请向购买书店调换。若书店售缺，请与本社发行部联系，联系及邮购电话：（010）88254888，88258888。

质量投诉请发邮件至zlts@phei.com.cn，盗版侵权举报请发邮件至dbqq@phei.com.cn。

本书咨询联系方式：xuling@phei.com.cn。

前 言

根据国家新一轮职业教育教学改革精神和《中等职业学校专业目录》要求，为满足中等职业学校人才培养和企业会计岗位人员培训需求编写了本书。本书根据 2018 年 3 月国务院常务会议关于调减增值税税率的决定，结合 2016 年全面实施的营改增政策，紧密联系企业会计实务进行编写，内容新颖，案例丰富，既可作为中等职业学校会计专业教材，也可作为企业在职会计人员培训和参考用书。

本教材具有以下特点。

1．体现国家最新职业教育教学改革精神，贯彻“以就业为导向、以能力为本位”的职业教育理念。针对学生的学习目标和职业能力培养目标，将理论知识与实践技能进行有机结合，通过大量的仿真案例和实训习题，着重培养学生在不同会计岗位的适应能力和实际操作能力。

2．贴近企业经营实务，紧扣最新税收法规。编者深入税收机关、会计师事务所及企业进行调研，与税收官员、企业一线财务人员和报税人员进行沟通，接触了 2018 年以来最新财经及税收法规中的若干会计业务，解决了很多学校专业教师面临的困惑及难题。

3．教材编排和教学内容科学合理。本书以小企业财务工作流程为主线，使用案例导入，引入小企业各类实际经济业务，并提供了大量企业经济活动中常用的各类原始凭证，学生可以直接用来制作记账凭证，有助于加深学生对会计实训过程中各类不同会计业务的理解。

4．教材案例具有典型性、时效性和可操作性。本书大量采用企业实务中遇到的真实案例进行教学设计，既能紧扣教材内容，又具有典型性、时效性和可操作性。每个项目的案例选用，既来源于企业实际的经济业务，又根据编写项目的需要专门设置了一些情景内容，以激发学生的学习兴趣，更易于学生理解和接受。

5．突出教师的“教”和学生的“学”的便利性。本书在内容编排上大量运用图片、表格、案例等形式，灵活多样，有助于活跃教学气氛，启发思考；同时又引入了很多企业实际采用的一些财务管理措施，供师生参考使用，为教师的“教”和学生的“学”提供了便利性，有利于强化理论与实践的结合，学习知识与开发智力的结合，动脑思考与动手操作的结合，从而提高学生的综合分析能力和解决问题的能力。

本书由吴本章、刘霞、吴红玉担任主编，袭凤、周娟、韩新红担任副主编，其中项目一、项目二由周娟编写，项目三由韩新红编写，项目四、项目七由刘霞编写，项目五由袭凤编写，项目六由吴红玉编写。全书由吴本章统稿。

此外，本书在编写过程中还得到了山东黄河会计师事务所资深注册会计师、注册资产评估师张洪奎同志的指导，同时参考了部分同类教材及相关网站的资料，在此一并表示感谢。

由于编写人员水平所限，书中难免存在疏漏和错误之处，敬请各位专家与同人批评指正。

编 者

2018 年 5 月

目　录

项目一

会计凭证模拟实训

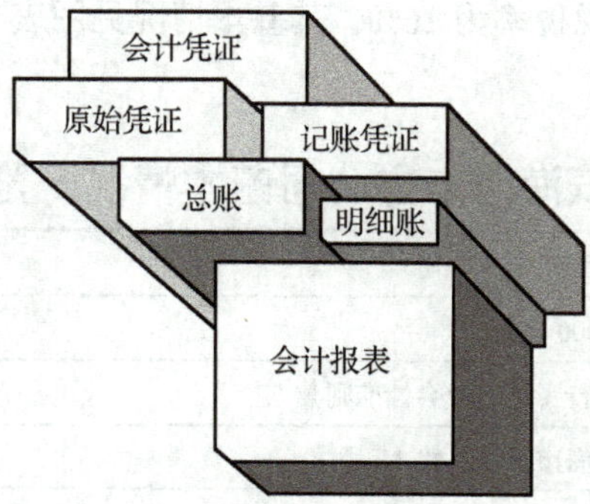

任务一　原始凭证的填制与审核

【实训目的】

1. 能正确识记支票、增值税专用发票、商业汇票、入库单、借款单、领料单等原始凭证。
2. 掌握原始凭证的填制要求及方法。
3. 明确原始凭证审核的主要内容。

【实训要求】

1. 认真观察原始凭证的填制内容，做到细致、全面、具体。
2. 能根据发生的经济业务取得或填制相应的原始凭证，做到项目齐全、操作规范、手续完备。
3. 能严格审核原始凭证，做到准确、规范。

【实训步骤】

1. 熟悉常用原始凭证的格式及填制要求。
2. 根据【业务描述及所附原始凭证】中的经济业务，按要求填制相应原始凭证。
3. 审核原始凭证。

【业务描述及所附原始凭证】

一、模拟企业概况

滨海市东方公司是一家集服装设计、研发、生产、加工、销售于一体的小型企业，主要从事各类工作服、休闲服装的生产、加工及销售业务，其生产用原料主要有棉线、涤棉等。该公司为增值税一般纳税人，增值税税率为16%，其基本情况见图表1-1。

图表1-1

滨海市东方公司基本情况一览表

企业名称	滨海市东方公司
注册资金	2 000万元
会计制度	执行《小企业会计准则》
地址	滨海市长江一路11号
联系电话	0543-2708456
开户银行及账号	中国工商银行胜利路分理处 1613214266765222001
统一社会信用代码	913716005637450C4F
法定代表人	张新华
出纳	张丽，身份证号 372301198606120024

二、该公司常用原始凭证格式

1. 支票见图表 1-2、图表 1-3。

图表 1-2

现金支票正面

中国工商银行
现金支票存根

10203310

10613654

科　目

对方科目

出票日期 2018 年 12 月 18 日

收款人：滨海市东方公司

金额：¥105 300.00

用途：备用

单位主管 李洪兴　会计 李玲

中国工商银行 现金支票　10203310 10613654

出票日期（大写）贰零壹捌年壹拾贰月壹拾捌日　付款行名称：中国工商银行胜利路分理处

收款人：滨海市东方公司　出票人账号：1613214266765222001

人民币（大写）	千	百	十	万	千	百	十	元	角	分
壹拾万零伍仟叁佰元整		¥	1	0	5	3	0	0	0	0

用途 备用　密码 104100003928

上列款项请从
我账户中支付
出票人签章　（滨海市东方公司财务专用章）（张新华印）　复核　记账

图表 1-3

现金支票背面

附加信息：

张丽

372301198606120024

（滨海市东方公司财务专用章）（张新华印）

收款人签章
2018 年 12 月 18 日

（贴粘单处）

身份证件名称：　发证机关：

号码

2. 增值税专用发票见图表 1-4。

图表 1-4

山东省增值税专用发票

山东 国家税务总局监制

发票联

№ 03306626

开票日期：2018 年 12 月 05 日

购买方	名　　称：山东滨海市新世纪超市 纳税人识别号：320106527969421 地址、电话：山东省滨海高新区 0543-8334212 开户行及账号：中国银行滨海分理处 260508231236				密码区	略		
货物或应税劳务、服务名称	规格型号	单位	数量	单价	金额	税率	税额	
工作服	160	套	20	100.00	2 000.00	16%	320.00	
	165		20		2 000.00		320.00	
	170		20		2 000.00		320.00	
	175		20		2 000.00		320.00	
	180		20		2 000.00		320.00	
合　　计					¥10 000.00		¥1 600.00	
价税合计（大写）	⊗壹万壹仟陆佰元整			（小写）¥11 600.00				
销售方	名　　称：滨海市东方公司 纳税人识别号：913716005637450C4F 地址、电话：山东省滨海市长江一路 11 号 0543-2708456 开户行及账号：中国工商银行胜利路分理处 1613214266765222001				备注	滨海市东方公司 913716005637450C4F 发票专用章		

第三联 发票联 购买方记账凭证

收款人：张丽　　复核：林青　　开票人：张爱云　　销售方：（章）

3. 商业承兑汇票见图表 1-5。

图表 1-5

商业承兑汇票（卡　片）

出票日期（大写）　贰零壹捌年壹拾贰月壹拾陆日　　汇票号码 223541

付款人	全　称	山东滨海红太阳粗布家纺	收款人	全　称	滨海市东方公司
	账　号	260561235002		账　号	1613214266765222001
	开户银行	中国银行滨海分理处		开户银行	中国工商银行胜利路分理处
出票金额	人民币（大写）	壹拾肆万叁仟捌佰元整		亿 千 百 十 万 千 百 十 元 角 分	¥ 1 4 3 8 0 0 0 0
汇票到期日（大写）	贰零壹玖年叁月壹拾陆日		付款人开户行	行号	03281662
交易合同号码				地址	山东省滨海市黄河五路 116 号
出票人签章			备注：		

此联承兑人留存

4. 产品入库单见图表 1-6。

图表 1-6

入 库 单

№：201812015

2018 年 12 月 15 日　　　　仓库：成品库

产品编号	产品名称	规格型号	计量单位	实收数量	单位成本	总成本	备注
201	A型工作服		套	100	100	10 000.00	
合计				100		¥10 000.00	

仓库主管：赵琳　　仓管员：姜红　　财务：孙晓丽　　经办人：李大伟

5. 借款单见图表 1-7。

图表 1-7

借 款 单

2018年 12 月 26 日

部门	销售部		借款人	赵华	
借款事由	赴北京参加产品展销会				
金额	大写（人民币）：叁仟元整			小写：¥3 000.00	
领导批示	同意 张新华 2018年12月26日		财务主管	同意 刘强 2018年12月26日	
部门主管	杨林	出纳	张丽	领款人签收	赵华

6. 领料单见图表 1-8。

图表 1-8

领 料 单

领料部门：生产车间　　　　№：201812003

领料用途：生产工作服　　2018 年 12 月 20 日　　发料仓库：原料库

编号	材料名称	规格型号	计量单位	单价	请领数量	实发数量	金 额
101	涤棉 TC 布		匹	100	15	15	1 500.00
合计					15	15	¥1 500.00

第三联 记账联

仓库主管：赵琳　　仓管员：姜红　　财务：孙晓丽　　经办人：李大伟

三、该公司2018年8月份发生的部分经济业务

1. 3日，东方公司的出纳张丽按规定程序签发一张现金支票，从银行提取现金2 000元备用。

要求：填制现金支票，见图表1-9、图表1-10。密码：104100004862。

图表1-9

中国工商银行
现金支票存根
10203310
10613658
科　目
对方科目
出票日期　年　月　日

收款人：
金额：
用途：

单位主管　会计

中国工商银行 现金支票
10203310
10613658

出票日期（大写）　年　月　日　付款行名称：
收款人：　出票人账号：

人民币（大写）	千	百	十	万	千	百	十	元	角	分

用途　密码
上列款项请从
我账户中支付
出票人签章　复核　记账

图表1-10

附加信息：

收款人签章
年　月　日

（贴粘单处）

身份证件名称：　发证机关：

号码																		

2. 6日，东方公司向山东黄河公司销售400套定制工作服，不含税单价150元，增值税税率为16%，已发货，款项尚未收到。开票员：李宁。

注：增值税专用发票联次及用途如下：

第一联 记账联 销售方记账凭证

第二联 抵扣联 购买方扣税凭证

第三联 发票联 购买方记账凭证

要求：开具增值税专用发票，见图表1-11。

山东黄河公司的资料如下：

名称：山东黄河公司

地址：山东省济南市阳光大街88号

联系电话：0531-55519076

开户银行及账号：中国银行阳光路支行 254662681936

纳税人识别号：923816012437561C3T

图表 1-11

山东省增值税专用发票

记 账 联

№ 03286627

开票日期： 年 月 日

<table>
<tr><td rowspan="4">购买方</td><td colspan="5">名 称：</td><td rowspan="4">密码区</td><td colspan="3" rowspan="4">略</td></tr>
<tr><td colspan="5">纳税人识别号：</td></tr>
<tr><td colspan="5">地址 、 电话：</td></tr>
<tr><td colspan="5">开户行及账号：</td></tr>
<tr><td colspan="2">货物或应税劳务、服务名称</td><td>规格型号</td><td>单位</td><td>数量</td><td>单价</td><td>金额</td><td>税率</td><td>税额</td></tr>
<tr><td colspan="2"></td><td></td><td></td><td></td><td></td><td></td><td></td><td></td></tr>
<tr><td colspan="2">合 计</td><td></td><td></td><td></td><td></td><td></td><td></td><td></td></tr>
<tr><td colspan="2">价税合计（大写）</td><td colspan="7">⊗ （小写）¥</td></tr>
<tr><td rowspan="4">销售方</td><td colspan="5">名 称：</td><td rowspan="4">备注</td><td colspan="3" rowspan="4"></td></tr>
<tr><td colspan="5">纳税人识别号：</td></tr>
<tr><td colspan="5">地址 、 电话：</td></tr>
<tr><td colspan="5">开户行及账号：</td></tr>
</table>

第一联 记账联 销售方记账凭证

收款人： 复核： 开票人： 销售方（章）

3. 9日，从北京方圆公司购入68×38棉布1 000米，不含税单价20元，增值税税率为16%，材料已验收入库。公司开出一张为期6个月的不带息商业承兑汇票支付上述款项。

要求：填写商业承兑汇票，见图表1-12。

北京方圆公司的资料如下：

名称：北京方圆公司

地址：北京市新华路1968号

联系电话：010-87659315

开户银行及账号：中国建设银行通州区分行 10326452893426871038

纳税人识别号：95321601221555327Y

图表 1-12

商业承兑汇票

出票日期（大写）　　年　　月　　日　　　　汇票号码 223541

<table>
<tr><td rowspan="3">付款人</td><td>全　称</td><td></td><td rowspan="3">收款人</td><td>全　称</td><td colspan="11"></td><td rowspan="8">此联承兑人留存</td></tr>
<tr><td>账　号</td><td></td><td>账　号</td><td colspan="11"></td></tr>
<tr><td>开户银行</td><td></td><td>开户银行</td><td colspan="11"></td></tr>
<tr><td rowspan="2">出票金额</td><td colspan="4" rowspan="2">人民币
（大写）</td><td>亿</td><td>千</td><td>百</td><td>十</td><td>万</td><td>千</td><td>百</td><td>十</td><td>元</td><td>角</td><td>分</td></tr>
<tr><td></td><td></td><td></td><td></td><td></td><td></td><td></td><td></td><td></td><td></td><td></td></tr>
<tr><td>汇票到期日
（大写）</td><td colspan="2"></td><td rowspan="2">付款人
开户行</td><td>行号</td><td colspan="11"></td></tr>
<tr><td>交易合同号码</td><td colspan="2"></td><td>地址</td><td colspan="11"></td></tr>
<tr><td colspan="3">出票人签章</td><td colspan="13">备注：</td></tr>
</table>

4. 12 日，生产车间因生产 A 型工作服领用 68×38 棉布（编号 102）600 米，单价 20 元。要求：填写领料单，见图表 1-13。

图表 1-13

领　料　单

领料部门：　　　　　　　　　　　　　　　　　　№：201812006

领料用途：　　　　　　　年　　月　　日　　　　　发料仓库：

编　号	材料名称	规格型号	计量单位	单　价	请领数量	实发数量	金　额
合计							

仓库主管：　　　　仓管员：　　　　财务：　　　　经办人：

5. 21 日，采购部王军因到天津参加订货会，向财会部门预借差旅费 3 000 元。要求：代王军填写借款单，见图表 1-14。

图表 1-14

借　款　单

年　　月　　日

<table>
<tr><td>部门</td><td colspan="2"></td><td>借款人</td><td colspan="2"></td></tr>
<tr><td>借款理由</td><td colspan="5"></td></tr>
<tr><td>金额</td><td colspan="3">大写：</td><td colspan="2">小写：¥</td></tr>
<tr><td>领导批示</td><td colspan="2"></td><td>财务主管</td><td colspan="2"></td></tr>
<tr><td>部门主管</td><td></td><td>出纳</td><td></td><td>领款人签收</td><td></td></tr>
</table>

6. 25日，A型工作服完工入库。产品编号201，数量150件，单位成本100元。

要求：填写产品入库单，见图表1-15。

图表1-15

入库单

№：201808013

年　月　日　　　　仓库：

产品编号	产品名称	规格型号	计量单位	实收数量	单位成本	总成本	备注
合计							

仓库主管：　　仓管员：　　财务：　　经办人：

7. 26日，收到中国工商银行转来的银行进账单，系阳光公司偿还前欠货款11 600元。

要求：填写银行进账单，见图表1-16。

付款单位信息如下：

单位全称：浙江中惠股份有限公司

开户银行：中国工商银行金华市临江路分理处

账号：1023214356768366123

票据种类：转账支票；票号：13400162；票据张数：1张。

图表1-16

中国工商银行进账单（收账通知）3

年　月　日　　　　№：

出票人	全称			收款人	全称										
	账号				账号										
	开户银行				开户银行										
金额	人民币（大写）				亿	千	百	十	万	千	百	十	元	角	分
票据种类		票据张数													
票据号码															
复核　记账					收款人开户银行签章										

此联是收款人开户银行交给收款人的收账通知

8. 28日，销售部赵刚出差（参加产品展销会，原预借2 000元）回来，报销差旅费2 375元。相关资料如下。

出差时间：2018年8月16日至25日，共计10天；出差期间住勤补助每天80元；住宿费1 200元；往返车费375元。

要求：填写差旅费报销单，见图表1-17。

图表 1-17

差旅费报销单

部门：销售部　　　　　　　　　　　　　　　　年　　月　　日

出差人											出差事由				
出发				到达				交通工具	单据张数	车船费	住勤补贴		其他费用		
月	日	时	地点	月	日	时	地点				天数	金额	项目	单据张数	金额
合计															
报销总额（金额大写）			￥						预借金额	¥			补领金额： 退还金额：		

注：此单代途中补贴、住勤费原始单据

主管　　　　　　　　审核　　　　　　　　出纳　　　　　　　　领款人

【实训准备】

1. 将学生分成 6 人一组，一人担任组长。
2. 发放支票、增值税专用发票、商业汇票、入库单、借款单、领料单等实训材料。
3. 签字笔、印鉴、计算器等实习用品。

【实训点评】

原始凭证的填制要求如下：

1. 真实可靠。即如实填列经济业务的内容和数字，不得弄虚作假，不得涂改和挖补。随意涂改过的原始凭证为无效凭证，不能作为填制记账凭证和登记账簿的依据。

2. 内容完整。即应该填写的各项内容都要填写齐全，不得遗漏。需注意的是年、月、日要按照填制原始凭证的实际日期填写；名称要写全，不能简化；品名或用途要填写明确，不能含糊不清；有关经办业务人员的签章必须齐全。

3. 填制及时。即每当一项经济业务发生或完成，都要立即填制原始凭证，做到不积压、不误时、不事后补制。

4. 书写清楚。原始凭证上的数字、文字填写必须清晰、正确、易于辨认。大小写金额要符合规定，金额前要写明货币符号。

任务二　记账凭证的填制与审核

【实训目的】

1. 能正确识记收款凭证、付款凭证、转账凭证和通用记账凭证。
2. 能根据原始凭证正确填制记账凭证。
3. 能正确审核记账凭证的准确性和规范性。

【实训要求】

1. 认真观察记账凭证的填制内容，做到细致、全面、具体。
2. 能根据审核无误的原始凭证填制记账凭证，做到项目齐全、操作规范、手续完备。
3. 能严格审核记账凭证，做到准确、规范。

【实训步骤】

1. 熟悉常用记账凭证的格式及填制要求。
2. 根据【业务描述及所附原始凭证】中的经济业务，按要求填制相应记账凭证。
3. 审核记账凭证。

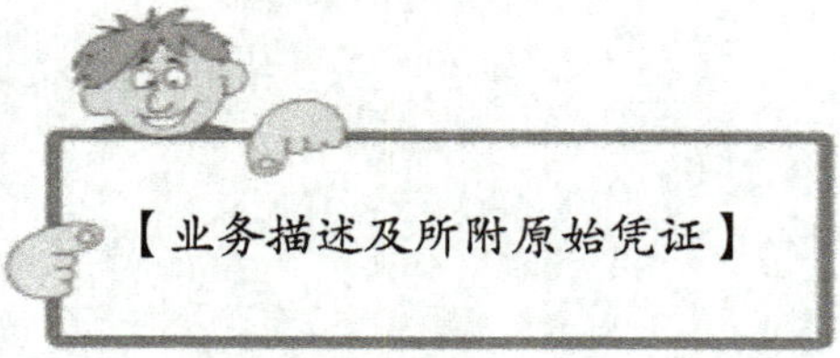

一、该公司常用记账凭证格式

1. 收款凭证见图表 1-18。

图表 1-18

收　款　凭　证

借方科目：银行存款　　　　2018 年 12 月 6 日　　　　第 8 号

摘　要	贷方总账科目	明细科目	√	亿	千	百	十	万	千	百	十	元	角	分	
				金额											
收到三兴公司投资	实收资本	三兴公司					2	0	0	0	0	0	0	0	附
															单
															据
															2
															张
合　计						¥	2	0	0	0	0	0	0	0	

财务主管 张鑫　　记账 刘燕　　出纳 宋敏　　审核 王璐　　制单 赵瑞

2. 付款凭证见图表 1-19。

图表 1-19

付 款 凭 证

贷方科目：银行存款　　　　2018 年　12 月　8 日　　　　第 12 号

摘　要	借方总账科目	明细科目	√	金额										
				亿	千	百	十	万	千	百	十	元	角	分
支付前欠货款	应付账款	星辉公司						3	4	8	0	0	0	0
合　计							¥	3	4	8	0	0	0	0

附单据 2 张

财务主管 张鑫　　记账 刘菲　　出纳 宋敏　　审核 王瑞　　制单 赵瑞

3. 转账凭证见图表 1-20。

图表 1-20

转 账 凭 证

2018 年　12 月　27 日　　　　第 23 号

摘　要	会计科目	明细科目	√	金额										√	金额									
				千	百	十	万	千	百	十	元	角	分		千	百	十	万	千	百	十	元	角	分
销售N产品	应收账款	D公司					5	8	0	0	0	0	0											
销售N产品	主营业务收入																	5	0	0	0	0	0	0
销售N产品	应交税费	应交增值税（销项税额）																	8	0	0	0	0	0
合　计						¥	5	8	0	0	0	0	0				¥	5	8	0	0	0	0	0

附单据 3 张

财务主管 张鑫　　记账 刘菲　　审核 王瑞　　制单 赵瑞

4. 通用记账凭证见图表 1-21。

图表 1-21

记 账 凭 证

2018 年 12 月 15 日　　　　第 16 号

摘要	会计科目	明细科目	√	金额										√	金额									
				千	百	十	万	千	百	十	元	角	分		千	百	十	万	千	百	十	元	角	分
生产领用B材料	生产成本	N产品					1	2	0	0	0	0	0											
	原材料	B材料																1	2	0	0	0	0	0
合计						¥	1	2	0	0	0	0	0				¥	1	2	0	0	0	0	0

附单据 1 张

财务主管 张鑫　　记账 刘菲　　出纳 宋敏　　审核 王瑞　　制单 赵瑞

二、该公司 2018 年发生的经济业务

承接“任务一 原始凭证的填制与审核”

要求：根据任务一中填制或取得的原始凭证，填制记账凭证。其中，第 1、2 题选用收款凭证、付款凭证、转账凭证，其余题目选用通用记账凭证。

【实训准备】

1. 将学生分成 6 人一组，一人担任组长。
2. 发放收款凭证、付款凭证、转账凭证及通用记账凭证等实训材料。
3. 签字笔、印鉴、计算器等实习用品。

【实训点评】

记账凭证填制的基本要求如下：

1. 审核无误。在对原始凭证审核无误的基础上填制记账凭证。
2. 内容完整。记账凭证该包括的内容都应填写齐全。
3. 分类正确。根据经济业务的内容，准确区别不同类型的原始凭证，正确应用会计科目。
4. 连续编号。记账凭证应当按会计事项处理先后顺序连续编号。

填制记账凭证的具体要求如下：

1. 记账凭证必须附有原始凭证并注明张数（结账、更正错误除外）。原始凭证的张数一般以自然张数为准。差旅费等零散票券，可贴在一张纸上，作为一张原始凭证。一张原始凭证涉及几张记账凭证的，可将原始凭证附在一张主要记账凭证后面，在其他记账凭证上注明主要记账凭证的编号。

2. 一张原始凭证所列支出需要由两个以上单位共同负担时，由保存该原始凭证的单位开出原始凭证分割单，交另一单位作凭证。

3. 记账凭证的编号。无论采用哪种编号方法，都应该按月顺序编号，即每月都从 1 号编起，顺序编至月末。一笔业务编制两张以上记账凭证的可采用分数编号，如 $1\frac{1}{3}$、$1\frac{2}{3}$、$1\frac{3}{3}$。

4. 记账凭证发生错误，应当重新填制。如已登记入账，则应使用正确的错账更正方法进行更正。

5. 记账凭证填制完毕如有空行，应当划线注销。

6. 会计分录应保证借贷平衡。

7. 摘要应与原始凭证内容一致，表述要简短精练。

项目三

会计账簿模拟实训

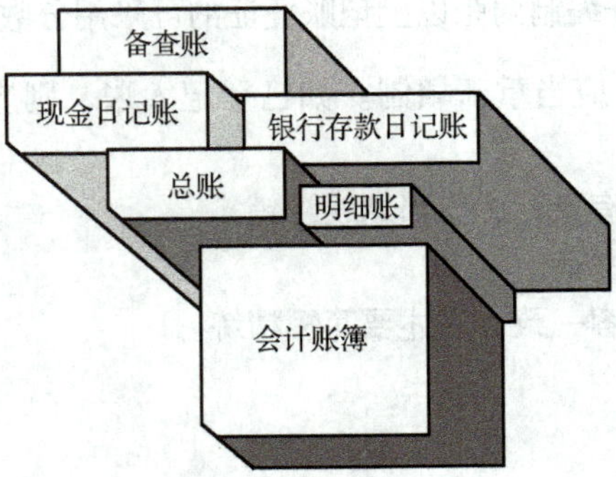

任务一　日记账模拟实训

【实训目的】

1. 能熟记库存现金日记账和银行存款日记账的登记规则。
2. 能根据已审核的会计凭证，逐日逐笔登记库存现金日记账或银行存款日记账。
3. 能正确、规范地完成库存现金日记账和银行存款日记账的结账工作。

【实训要求】

1. 认真观察日记账的登记内容，做到细致、全面、具体。
2. 能根据审核无误的会计凭证登记日记账，做到项目齐全、书写规范、格式正确。
3. 能熟练完成结账工作，做到日清月结。

【实训步骤】

1. 熟悉日记账的格式及登记规则。

2. 开设库存现金日记账、银行存款日记账，并登记期初余额。

3. 根据【业务描述及所附原始凭证】中的记账凭证简表，逐笔登记库存现金日记账和银行存款日记账，并进行日清月结。

一、模拟企业概况

滨海市东方公司是一家集服装设计、研发、生产、加工、销售于一体的小型企业，主要从事各类工作服、休闲服装的生产、加工及销售业务，其生产用原料主要有棉线、涤棉等。该公司为增值税一般纳税人，增值税税率为16%，其基本情况见图表2-1。

图表2-1

滨海市东方公司基本情况一览表

企业名称	滨海市东方公司
注册资金	2 000万元
会计制度	执行《小企业会计准则》
地址	滨海市长江一路11号
联系电话	0543-2708456
开户银行及账号	中国工商银行胜利路分理处 1613214266765222001
统一社会信用代码	913716005637450C4F

二、该公司日记账格式

1. 现金日记账见图表2-2。

图表2-2

现金日记账

2018年		凭证编号	摘要	对方科目	借方										贷方										√	余额									
月	日				千	百	十	万	千	百	十	元	角	分	千	百	十	万	千	百	十	元	角	分		千	百	十	万	千	百	十	元	角	分
9	1		期初余额																											1	5	0	0	0	0
	1	1	提现	银行存款					3	0	0	0	0	0																4	5	0	0	0	0
			本日合计						3	0	0	0	0	0																4	5	0	0	0	0
	5	12	预借差旅费	其他应收款															1	2	0	0	0	0						3	3	0	0	0	0
			本日合计																1	2	0	0	0	0						3	3	0	0	0	0
	15	37	购办公用品	管理费用																8	0	0	0	0						2	5	0	0	0	0
			本日合计																	8	0	0	0	0						2	5	0	0	0	0

2. 银行存款日记账见图表 2-3。

图表 2-3

银行存款日记账

2018年		凭证	结算方式		摘要	对方科目	借方										贷方										√	余额									
月	日	编号	类	号码			千	百	十	万	千	百	十	元	角	分	千	百	十	万	千	百	十	元	角	分		千	百	十	万	千	百	十	元	角	分
9	1				期初余额																										7	6	2	0	0	0	0
	1	1	现支	1216	提取现金备用	库存现金															3	0	0	0	0	0					7	3	2	0	0	0	0
					本日合计																3	0	0	0	0	0					7	3	2	0	0	0	0
	2	2	转支	1856	支付前欠货款	应付账款														3	4	8	0	0	0	0					3	8	4	0	0	0	0
	2	3	转支	2437	销售甲产品	主营业务收入等			1	1	6	0	0	0	0	0														1	5	4	4	0	0	0	0
					本日合计				1	1	6	0	0	0	0	0				3	4	8	0	0	0	0				1	5	4	4	0	0	0	0

三、该公司 2018 年 8 月涉及现金及银行存款业务的记账凭证简表（见图表 2-4）

图表 2-4

记账凭证简表

2018 年 月	2018 年 日	凭证字号	摘　　要	会计分录	附件张数	记账标记
08	01	付字 01 号	提现	借：库存现金　2 000 贷：银行存款　2 000	1	
	03	收字 01 号	收回前欠货款	借：银行存款　23 200 贷：应收账款　23 200	1	
	06	付字 02 号	缴纳上月未缴税费	借：应交税费——未缴增值税　6 800 ——应交城建税　1 176 ——应交教育费附加　504 ——应交地方教育费附加　336 ——应交水利基金　84 贷：银行存款　8 900	2	
	08	付字 03 号	报销差旅费	借：其他应收款——差旅费　88 贷：库存现金　88	1	
	10	收字 02 号	销售商品	借：银行存款　11 600 贷：主营业务收入　10 000 应交税费——应交增值税（销项税额）1 600	3	
	15	付字 04 号	支付电费	借：应付账款——水电费　8 500 应交税费——应交增值税（进项税额）1 360 贷：银行存款　9 860	2	
	18	付字 05 号	支付业务招待费	借：管理费用——业务招待费　465 贷：库存现金　465	1	
	22	付字 06 号	支付货款	借：应付账款　34 800 贷：银行存款　34 800	1	

要求：根据上述记账凭证，分别登记现金日记账和银行存款日记账，并进行月末结账。2018年7月31日，东方公司现金日记账余额为1 800元，银行存款日记账余额为87 300元。

【实训准备】

1. 将学生分成6人一组，一人担任组长。
2. 发放现金日记账账簿、银行存款日记账账簿等实训材料。
3. 黑色签字笔、红色签字笔、计算器等实习用品。

【实训点评】

现金日记账的登记方法如下：

现金日记账通常由出纳人员根据审核后的现金收、付款凭证，逐日逐笔顺序登记。同时，由其他会计人员根据收、付款凭证，汇总登记总分类账。对于从银行提取现金的业务，由于只填制银行存款付款凭证，不填制现金收款凭证，因而现金的收入数应根据银行存款付款凭证登记。每日收、付款项逐笔登记完毕后，应分别计算现金收入和支出的合计数及账面的结余额，并将现金日记账的账面余额与库存现金实存数相核对，借以检查每日现金收、支和结存情况。

银行存款日记账的登记方法如下：

银行存款日记账应按各种存款分别设置。银行存款日记账通常也由出纳人员根据审核后的有关银行存款收、付款凭证，逐日逐笔顺序登记。对于现金存入银行的业务，存款的收入数应根据现金付款凭证登记。每日终了应分别计算银行存款收入、付出的合计数和本日余额，以便于检查、监督各项收支款项，且便于定期同银行对账单逐笔核对。

任务二　分类账模拟实训

【实训目的】

1. 能正确识记总分类账和明细分类账。
2. 能正确识记三栏式账簿、多栏式账簿和数量金额式账簿。
3. 能根据经济业务的内容登记总分类账和明细分类账。

4. 能根据经济业务的内容登记三栏式账簿、多栏式账簿和数量金额式账簿。

【实训要求】

1. 认真观察分类账的登记内容，做到细致、全面、具体。
2. 能根据审核无误的会计凭证登记各类分类账，做到项目齐全、书写规范、格式正确。
3. 能正确登记总账和明细账，做到平行登记，不重不漏。
4. 能熟练完成各类分类账的结账工作，做到划线清晰，位置正确。

【实训步骤】

1. 熟悉各类分类账的格式及登记规则。
2. 根据【业务描述及所附原始凭证】中的业务内容，开设各类分类账并登记期初余额。
3. 根据业务要求，逐笔登记各类分类账并进行月末结账。

一、该公司各类分类账格式

1. 总分类账见图表 2-5。

图表 2-5

总分类账

科目 生产成本 编码（4101）　　2018 年度

2018年		凭证编号	摘要	对方科目	借方										贷方										借或贷	余额									
月	日				千	百	十	万	千	百	十	元	角	分	千	百	十	万	千	百	十	元	角	分		千	百	十	万	千	百	十	元	角	分
9	1		期初余额																						借				7	6	3	0	0	0	0
	30	汇1	1~30日发生额					4	8	7	0	0	0	0											借			1	2	5	0	0	0	0	0
			本月合计					4	8	7	0	0	0	0											借			1	2	5	0	0	0	0	0

2. 三栏式明细分类账见图表 2-6。

图表 2-6

应收账款明细账

科目 山东黄河公司

2018年 月	日	凭证编号	摘要	对方科目	借方（千百十万千百十元角分）	贷方（千百十万千百十元角分）	借或贷	余额（千百十万千百十元角分）
9	1		期初余额				借	5600000
	10	转03	销售商品		5800000		借	11400000
	31		本月合计		5800000		借	11400000

3. 多栏式明细分类账，见图表 2-7。

图表 2-7

管理费用明细账

2018年 月	日	凭证编号	摘要	借方（百十万千百十元角分）	贷方（百十万千百十元角分）	借或贷	余额（百十万千百十元角分）	借方金额分析：职工薪酬（十万千百十元角分）	借方金额分析：折旧费（十万千百十元角分）	借方金额分析：其他（十万千百十元角分）
9	30	35	分配工资	6300000		借	6300000	6300000		
	30	36	计提折旧	200000		借	6500000		200000	
	30	60	结转损益		6500000	平	0	6300000	200000	
			本月合计	6500000	6500000	平	0	6300000	200000	

4. 数量金额式明细分类账见图表 2-8。

图表 2-8

原材料明细分类账

最高存量__________

最低存量__________

编号：001　　　　计量单位：米　　　　名称：A材料

2018年 月	日	凭证号数	摘要	账页	借方 数量	借方 单价	借方 金额（十万千百十元角分）	贷方 数量	贷方 单价	贷方 金额（十万千百十元角分）	结存 数量	结存 单价	结存 金额（十万千百十元角分）
9	1		期初余额								1000	60	6000000
	5	记09	生产领用					200	60	1200000	800	60	4800000
	18	记26	采购入库		500	60	3000000				1300	60	7800000
			本月合计		500	60	3000000	200	60	1200000	1300	60	7800000

二、该公司 2018 年 8 月发生的经济业务

1. 8 月份科目汇总表见图表 2-9。

要求：根据该公司 2018 年 8 月份科目汇总表登记生产成本总账。其中，2018 年 7 月 31 日生产成本的余额为 32 000 元。

图表 2-9

科目汇总表

2018 年 8 月 1 日——31 日　　　　汇字第 1 号

借方金额									√	会计科目	贷方金额									√
百	十	万	千	百	十	元	角	分			百	十	万	千	百	十	元	角	分	
			5	0	0	0	0	0		库存现金				2	1	0	0	0	0	
	1	0	3	0	0	0	0	0		银行存款		1	5	6	0	0	0	0	0	
		7	0	2	0	0	0	0		应收账款										
			3	0	0	0	0	0		其他应收款										
		4	8	0	0	0	0	0		原材料			1	2	0	0	0	0	0	
		7	0	0	0	0	0	0		库存商品			6	0	0	0	0	0	0	
										应付票据			5	6	1	6	0	0	0	
			8	1	6	0	0	0		应交税费			1	0	2	0	0	0	0	
		4	2	0	0	0	0	0		生产成本			3	8	0	0	0	0	0	
		6	4	0	0	0	0	0		应付职工薪酬			6	8	0	0	0	0	0	
										主营业务收入			6	0	0	0	0	0	0	
		3	7	1	0	0	0	0		主营业务成本										
		1	2	0	0	0	0	0		管理费用										
¥	4	6	2	4	6	0	0	0		合　计	¥	4	6	2	4	6	0	0	0	

附件 18 张

会计主管 张鑫　　记账 刘菲　　复核 王璐　　制表 赵瑞

2. 6 日，东方公司向山东黄河公司销售 400 套工作服，不含税单价为 150 元，增值税税率为 16%，款项尚未收到，见图表 2-10。

要求：登记应收账款明细账。2018 年 8 月应收山东黄河公司账款的明细账期初借方余额为 20 000 元。

图表 2-10

转账凭证

2018 年 8 月 6 日　　　　第 1 号

摘要	会计科目	明细科目	√	金额										√	金额									
				千	百	十	万	千	百	十	元	角	分		千	百	十	万	千	百	十	元	角	分
销售工作服	应收账款	黄河公司					6	9	6	0	0	0	0											
	主营业务收入																	6	0	0	0	0	0	0
	应交税费	应交增值税（销项税额）																	9	6	0	0	0	0
合　计						¥	6	9	6	0	0	0	0				¥	6	9	6	0	0	0	0

附单据 3 张

财务主管 张鑫　　记账 刘菲　　出纳 宋敏　　审核 王璐　　制单 赵瑞

3. 31 日，企业应付工资总额为 68 000 元，其中生产人员工资 21 000 元，车间管理人员工资 17 000 元，企业行政管理人员工资 30 000 元，见图表 2-11。

要求：登记管理费用明细账。

图表 2-11

记 账 凭 证

2018 年 8 月 31 日　　　　第 36 号

摘要	会计科目	明细科目	√	金额										√	金额									
				千	百	十	万	千	百	十	元	角	分		千	百	十	万	千	百	十	元	角	分
分配工资费用	生产成本						2	1	0	0	0	0	0											
	制造费用						1	7	0	0	0	0	0											
	管理费用	职工薪酬					3	0	0	0	0	0	0											
	应付职工薪酬	工资																6	8	0	0	0	0	0
合计						¥	6	8	0	0	0	0	0				¥	6	8	0	0	0	0	0

附单据 1 张

财务主管 张鑫　记账 刘菲　出纳 宋敏　审核 王瑞　制单 赵瑞

4. 12 日，生产车间因生产 B 型工作服领用 68×38 棉布（编号 102）800 米，单价为 20 元，见图表 2-12。

要求：登记原材料明细账。2018 年 7 月 31 日原材料—68×38 棉布明细账的余额为 60 000 元，数量为 3 000 米，单价为 20 元。

图表 2-12

记 账 凭 证

2018 年 8 月 12 日　　　　第 2 号

摘要	会计科目	明细科目	√	金额										√	金额									
				千	百	十	万	千	百	十	元	角	分		千	百	十	万	千	百	十	元	角	分
生产领用棉布	生产成本	B型工作服					1	6	0	0	0	0	0											
	原材料	68×38棉布																1	6	0	0	0	0	0
合计						¥	1	6	0	0	0	0	0				¥	1	6	0	0	0	0	0

附单据 1 张

财务主管 张鑫　记账 刘菲　出纳 宋敏　审核 王瑞　制单 赵瑞

【实训准备】

1. 将学生分成 6 人一组，一人担任组长。

2. 发放总账账簿、三栏式明细分类账账簿、多栏式明细分类账账簿、数量金额式明细分类账账簿等实训材料。

3. 黑色签字笔、红色签字笔、计算器等实习用品。

【实训点评】

账簿登记规则如下：

1. 登记会计账簿时，应当将会计凭证日期、编号、业务内容摘要、金额和其他有关资料逐项记入账内，做到数字准确、摘要清楚、登记及时、字迹工整。

2. 账簿登记完毕后，要在记账凭证上签名或盖章，并在记账凭证的“过账”栏内注明账簿页数或画对钩，注明已经登账的符号，表示已经记账完毕，避免重记、漏记。

3. 账簿中书写的文字和数字上面要留有适当的空格，不要写满格，一般应占格距的 1/2。

4. 为了保持账簿记录的持久性，防止涂改，登记账簿必须使用蓝黑墨水或碳素墨水书写，不得使用圆珠笔或铅笔书写。

5. 特殊记账需要使用红色墨水。下列情况可以用红色墨水记账：

（1）按照红字冲账的记账凭证，冲销错误记录；

（2）在不设借贷等栏的多栏式账页中，登记减少数；

（3）在三栏式账户的余额栏前，如未印明余额方向的，在余额栏内登记负数余额；

（4）根据国家统一的会计制度的规定，可以用红字登记的其他会计记录。

6. 在登记各种账簿时，应按页次顺序连续登记，不得隔页、跳行。如发生隔页、跳行现象，应在空页、空行处用红色墨水划对角线注销，或者注明“此页空白”或“此行空白”字样，并由记账人员签章。

7. 凡需要结出余额的账户，结出余额后，应当在“借或贷”栏目内注明“借”或“贷”字样，以示余额的方向；对于没有余额的账户，应在“借或贷”栏内写“平”字，并在余额栏“元”位上写“0”。

8. 每一账页登记完毕结转下页时，应当结出本页合计数及余额，写在本页最后一行和下页第一行相关栏内，并在摘要栏内注明“过次页”和“承前页”字样，以保持账簿记录的连续性，便于对账和结账。

对需要结计本月发生额的账户，结计“过次页”的本页合计数应当为自本月初起至本页末止的发生额合计数；对需要结计本年累计发生额的账户，结计“过次页”的本页合计数应当为自年初起至本页末止的累计数；对既不需要结计本月发生额也不需要结计本年累计发生额的账户，可以只将每页末的余额结转次页。

【知识链接】

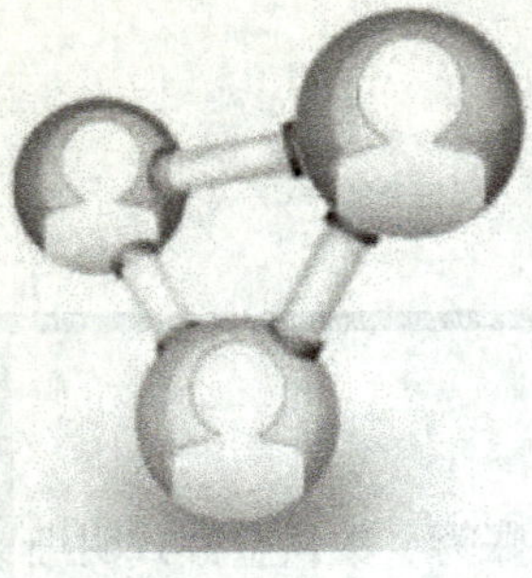

平行登记规则

1. 登记的依据相同。
2. 登记的方向相同。
3. 登记的会计期间相同。
4. 登记的金额相同。

项目三

出纳岗位模拟实训

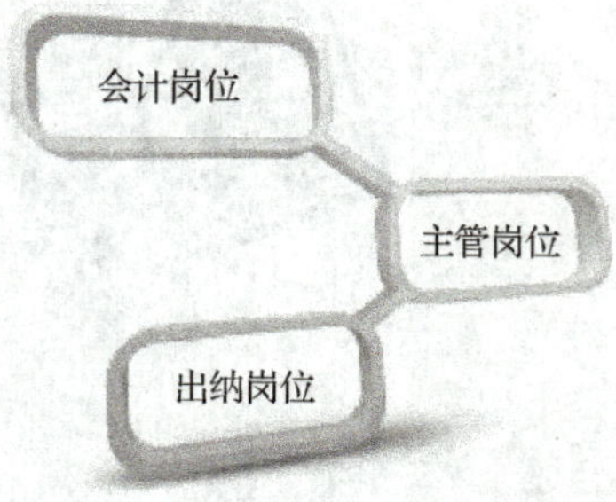

任务一　现金收付业务模拟实训

【实训目的】

1. 能正确填制涉及现金结算业务的票据或结算凭证。
2. 能严格审核有关现金结算业务的原始凭证，并准确编制收付款凭证。
3. 能正确登记现金日记账，做到日清月结，月末按时结账。

【实训要求】

1. 正确填制涉及现金收付业务的票据或结算凭证，做到书写清楚、内容完整、手续完备等。
2. 认真审核有关现金收付业务的原始凭证，做到准确、严谨。
3. 根据审核无误的原始凭证填制收付款凭证，做到项目齐全、内容正确、填制及时等。
4. 准确规范地登记现金日记账，做到日清月结，月末结账。

【实训步骤】

1. 开设库存现金日记账，并登记期初余额。
2. 根据【业务描述及所附原始凭证】中的经济业务，按要求填制专用记账凭证并审核。
3. 根据审核无误的会计凭证，逐笔登记库存现金日记账，并进行日清月结。

【业务描述及所附原始凭证】

一、模拟企业概况

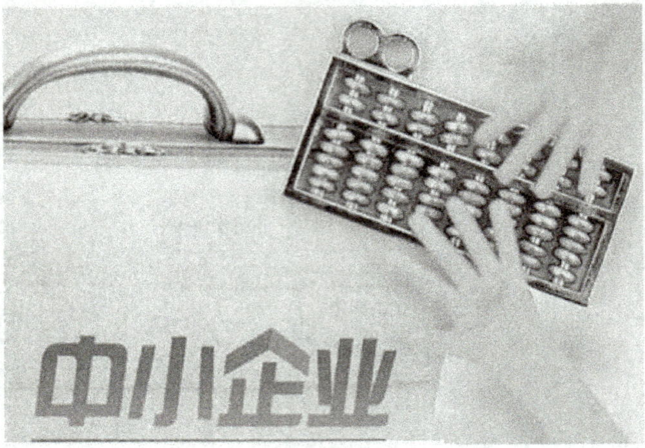

滨海市东方公司是一家集服装设计、研发、生产、加工、销售于一体的小型企业，主要从事各类工作服、休闲服装的生产、加工及销售业务，其生产用原料主要有棉线、涤棉等。该公司为增值税一般纳税人，增值税税率为16%，该公司的基本情况见图表3-1。

图表3-1

滨海市东方公司基本情况一览表

企业名称	滨海市东方公司
法人代表	张新华
会计主管	李艳
会计	赵洁
出纳	方慧
会计制度	执行《小企业会计准则》
注册资金	2 000万元
公司地址	山东省滨海市长江一路11号
联系电话	0543-2708456
开户银行	中国工商银行胜利路分理处
开户银行账号	1613214266765222001
统一社会信用代码	913716005637450C4F

二、该公司2018年12月份发生的有关现金收付业务

2018年12月1日库存现金日记账期初余额为11 400.00元。

1. 5 日，根据工资结算汇总表（见图表 3-2），从银行提取现金，备发工资（暂不考虑结转代扣款项）。

要求：（1）根据工资结算汇总表，填制现金支票，并在支票背面背书，见图表 3-3、图表 3-4。

（2）根据现金支票存根联填制付款凭证。

图表 3-2

工资结算汇总表

编制单位：滨海市东方公司　　　　2018 年 12 月 5 日　　　　（单位：元）

职工类别	基本工资	奖　金	应付工资	代扣款项	实发工资
生产工人	167 500	10 000	177 500	40 825	136 675
车间管理人员	1 800	200	2 000	480	1 520
专职销售人员	25 000	2 000	27 000	6 480	20 520
行政管理人员	31 500	2 000	33 500	8 040	25 460
合　计	225 800	14 200	240 000	55 825	184 175

财务主管：李艳　　　　制表：赵洁

图表 3-3

中国工商银行
现金支票存根
10203310
58760581

科　目
对方科目
出票日期　年　月　日

收款人：
金额：
用途：

单位主管　　会计

付款期限自出票之日起十天

中国工商银行现金支票　　10203310
58760581

出票日期（大写）　年　月　日　　付款行名称：
收款人：　　出票人账号：

人民币（大写）	千	百	十	万	千	百	十	元	角	分

用途：________　　密码________

上列款项请从
我账户中支付
出票人签章　　复核　　记账

图表 3-4

收款人签章
年　月　日

身份证件名称：　　发证机关：

号码

贴粘单处

2. 5 日，办公室徐凯预借差旅费 3 500 元，到北京出差参加会议，用现金支付。

要求：（1）代借款人徐凯填制借款单，见图表 3-5。

（2）根据借款单填制付款凭证。

图表 3-5

借　款　单

年　　月　　日

部门			借款人		
借款事由					
金额	大写：			小写：¥	
领导批示			财务主管		
部门主管		出纳		领款人签收	

3. 14 日，徐凯出差归来，报销差旅费 3 339.00 元（车票、住宿发票等原始凭证略），并交回剩余现金 161.00 元，出差期间每天补助 30.00 元，见图表 3-6。

要求：（1）根据差旅费报销单填制转账凭证。

（2）根据出纳开具的退还余款收据（略）填制收款凭证。

图表 3-6

差旅费报销单

部门：办公室　　　　2018 年 12 月 14 日　　　　单据张数 5　张

出差人				徐凯					出差事由				参加订货会		
出发				到达				交通工具	交通费		出差补助		其他费用		
月	日	时	地点	月	日	时	地点		单据张数	金额	天数	金额	项目	单据张数	金额
11	6		滨海	11	6		北京	火车	1	519.50	8	240	住宿费	1	2 000.00
11	13		北京	11	6		滨海	火车	1	519.50			市内车费	2	60.00
													邮电费		
													其他		
合　计										1 039.00		240.00			2 060.00
报销总额			人民币（大写）	叁仟叁佰叁拾玖元整					预借旅费	¥3 500.00			补领金额	¥	
													退还金额	¥161.00	

主管　　　　审核　　　　出纳　　　　经办人 徐凯

4. 18 日，购买一批办公用品，用现金支付，发票见图表 3-7。

要求：根据购物发票填制付款凭证。

图表 3-7

山东省国家税务局通用机打发票

发票联

发票代码：113005290011

发票号码：03019847

开票日期：2018年12月18日　　　　行业分类：商业

机打代码：113005290011　　　　机器编号：6008512087

机打号码：03019847　　　　税控码：29 2081 2736 3109 7523

付款单位：滨海市东方公司

名称	规格	单位	数量	单价	金额
墨水	鸵鸟331	瓶	10	5.00	50.00
签字笔	晨光GP-001	支	50	2.00	100.00
文件夹		个	20	5.00	100.00

大写合计：贰佰伍拾元整　　　　小写：¥250.00

收款单位：滨海市兴隆百货有限公司　　　　收款单位税号：130026239248621

备注：

（印章：滨海市兴隆百货有限公司 130026239248621 发票专用章）

开票人：李元华　　　　发票密码

第一联 发票联（购货单位付款凭证）（手开无效）

5. 20日，收到职工王昭的违纪罚款1 150.00元，罚款收入当天送存银行。

要求：（1）根据出纳开具的收据（图表3-8）填制收款凭证。

（2）根据收到的罚款填制一张现金存款凭条，见图表3-9。

（3）根据现金存款凭条填制付款凭证。

图表 3-8

收　据

2018年12月20日　　　　№ 20161205

交款单位　王昭　　　　收款方式　现金

收款事由　违纪罚款

人民币（大写）壹仟壹佰伍拾元整　　　　¥1 150.00元

收款单位（盖章）

会计主管：　　审核：李艳　　记账：　　出纳：方慧

此联 记账联

图表 3-9

中国工商银行
INDUSTRIAL AND COMMERCIAL BANK OF CHINA

现金存款凭条

№：60691668

币种：□人民币　□__________　　　　年　　月　　日　　　　流水号：

<table>
<tr><td rowspan="4">单位填写</td><td>收款单位</td><td></td><td colspan="2">交款人</td><td colspan="9"></td></tr>
<tr><td>账（卡）号</td><td></td><td colspan="2">款项来源</td><td colspan="9"></td></tr>
<tr><td rowspan="2">金　额（大写）</td><td rowspan="2"></td><td>亿</td><td>千</td><td>百</td><td>十</td><td>万</td><td>千</td><td>百</td><td>十</td><td>元</td><td>角</td><td>分</td></tr>
<tr><td></td><td></td><td></td><td></td><td></td><td></td><td></td><td></td><td></td><td></td><td></td></tr>
<tr><td>银行确认栏</td><td colspan="13">现金回单（无银行打印记录及银行签章此单无效）</td></tr>
</table>

第二联　客户留存

主管：　　　　授权：　　　　复核：　　　　经办：

6. 根据以上经济业务登记库存现金日记账。

【实训准备】

1. 专用记账凭证：收款凭证 2 张、付款凭证 5 张、转账凭证 2 张。
2. 现金日记账（订本账）1 本。
3. 胶棒、签字笔、计算器等实习用品。

【实训点评】

小写金额的书写要求如下：

1. 在紧邻第一位小写金额数字的左侧书写人民币符号“¥”。

2. 角位和分位的数字书写大约占元位数字高度的 1/2，且书写在元位数字的右上角，并且要在角位和分位数字底部划一条横线，尾部不再写“元”字。

3. 当角位和分位数字全部为“0”，可在“元”字的右上角划一条短横线，且尾部不再写“元”字。

4. 当金额数字超过百位时，自元位数字开始依次向左，每三位数字之间的底部加写数字分节号“,”。

5. 数字书写以向右倾斜 60° 为宜。

6. 金额书写正确、数字清晰规范，无涂改现象。

大写金额的书写要求如下：

1. 金额到元位或角位为止的，在后面直接写“整”或“正”，金额到分位为止的，不写“整”或“正”字。

2. 金额不足一元的，在元位写“零”元字样。

3. 金额书写正确、数字清晰规范，无涂改现象。

日期的书写要求如下：

1. 小写日期书写：

（1）月份为1月和2月，在小写月数前加写“0”字。

（2）日数为1日—9日，在小写日数前加写“0”字。

2. 大写日期书写：

（1）月份为壹月和贰月，在大写月数前加写“零”字。

（2）月份为拾月，在大写月数前加写“零壹”字。

（3）日数为壹日至玖日，在大写日数前加写“零”字。

（4）日数为拾日，在大写日数前加写“零壹”字。

（5）日数为拾壹日至拾玖日，在大写日数前加“壹”字。

（6）日数为贰拾日或叁拾日，在大写日数前加写“零”字。

3. 金额书写正确、数字清晰规范，无涂改现象。

现金日记账的登记要求如下：

1. 在账页左上角的“年”栏填写年度。

2. 在账页第一行的“摘要”栏写“承前页”，并将上页中本月内的借方发生额合计、贷方发生额合计和余额抄录至对应栏内。

3. 正确登记日期、凭证编号、摘要和借贷方金额等内容，准确计算，登记余额。

4. 在账页中本月最后一笔业务下面一行的“摘要”栏，以红色签字笔写入“本月合计”或加盖“本月合计”红色印章，将本月借方发生额和贷方发生额分别累加，写入对应栏内，将余额抄入对应栏内，并在此行文字的底线上划一条通栏单红线。

5. 登账时，不得空行、跳行、隔页。

6. 字迹规范，清晰无涂改。

记账凭证填制要求如下：

1. 填写记账凭证的日期、编号和摘要内容。

2. 正确填写总账科目和明细科目。

3. 借贷方向填写正确，数字填写准确。

4. 借方金额合计和贷方金额合计计算正确，借贷金额相等。

5. 据实填写附件张数。

6. 相关人员签章。

原始凭证填制要求如下：

1. 支票存根联日期、收款单位、用途、小写金额与支付联一致。

2. 支票支付联大小写金额对应一致。

3. 日期大写书写规范。
4. 付款用途据实填写。
5. 大小写金额一致，书写规范。
6. 印记完整清晰，无重影，无洇渗，文字朝向符合常人阅读习惯。
7. 收付款单位名称和开户行名称、账号填写准确、完整。

任务二　银行存款收付业务模拟实训

【实训目的】

1. 能正确填制涉及银行结算业务的票据或结算凭证。
2. 能严格审核有关银行结算业务的原始凭证，并准确编制收付款凭证。
3. 能正确登记银行存款日记账，做到日清月结，月末按时结账。

【实训要求】

1. 正确填制涉及银行收付业务的票据或结算凭证，做到书写清楚、内容完整、手续完备等。
2. 认真审核有关银行收付业务的原始凭证，做到准确、严谨。
3. 根据审核无误的原始凭证，填制收付款凭证，做到项目齐全、内容正确、填制及时等。
4. 准确规范地登记银行存款日记账，做到日清月结，月末结账。

【实训步骤】

1. 开设银行存款日记账，并登记期初余额。
2. 根据【业务描述及所附原始凭证】中的经济业务，按要求填制专用记账凭证并审核。
3. 根据审核无误的会计凭证逐笔登记银行存款日记账，并进行日清月结。

一、该公司 2018 年 12 月份发生的有关银行收付业务

2018 年 12 月 1 日银行存款日记账期初余额为 516 564.00 元。

1. 2 日，开出转账支票向滨海市博文会展中心缴纳场地费 5 000 元，见图表 3-10、图表 3-11。

要求：（1）填制转账支票，见图表 3-12。

（2）填制付款凭证。

图表 3-10

3700161130

山东省增值税专用发票

发票联

№ 01656568

开票日期：2018 年 12 月 02 日

购买方	名称：滨海市东方公司 纳税人识别号：913716005637450C47 地址、电话：山东省滨海市长江一路 11 号 0543-2708456 开户行及账号：中国工商银行胜利路分理处 1613214266765222001				密码区	略	
货物或应税劳务、服务名称	规格型号	单位	数量	单价	金额	税率	税额
展销会场地费		次	1	5 000.00	5 000.00	6%	300.00
合计			6		¥5 000.00		¥300.00
价税合计（大写）	⊗伍仟叁佰元整			（小写）¥5 300.00			
销售方	名称：滨海市博文会展中心 纳税人识别号：130026239248621 3C4 地址、电话：山东省滨海市文化路 21 号 0543-3612345 开户行及账号：中国工商银行文化路分理处 1613214266768366016				备注	滨海市博文会展中心 130026239248621 3C4 发票专用章	

收款人　　复核　　开票人 张丽丽　　销售方（章）

第三联 发票联 购买方记账凭证

图表 3-11

3700161130

山东省增值税专用发票

抵扣联

№ 01656568

开票日期：2018 年 12 月 02 日

购买方	名称：滨海市东方公司 纳税人识别号：913716005637450C47 地址、电话：山东省滨海市长江一路 11 号 0543-2708456 开户行及账号：中国工商银行胜利路分理处 1613214266765222001				密码区	略	
货物或应税劳务、服务名称	规格型号	单位	数量	单价	金额	税率	税额
展销会场地费		次	1	5 000.00	5 000.00	6%	300.00
合计			6		¥5 000.00		¥300.00
价税合计（大写）	⊗伍仟叁佰元整			（小写）¥5 300.00			
销售方	名称：滨海市博文会展中心 纳税人识别号：130026239248621 3C4 地址、电话：山东省滨海市文化路 21 号 0543-3612345 开户行及账号：中国工商银行文化路分理处 1613214266768366016				备注	滨海市博文会展中心 130026239248621 3C4 发票专用章	

收款人　　复核　　开票人 张丽丽　　销售方（章）

第二联 抵扣联 购买方抵扣凭证

图表 3-12

中国工商银行转账支票存根	中国工商银行转账支票
10200121 10001012	10200121 10001012
科　目 对方科目 出票日期　年　月　日	付款期限自出票之日起十天 出票日期（大写）　年　月　日　付款行名称： 收款人：　出票人账号：
收款人： 金额： 用途：	人民币（大写）　千 百 十 万 千 百 十 元 角 分 用途：＿＿＿＿＿＿　密码＿＿＿＿＿＿＿＿ 上列款项请从 我账户中支付 出票人签章　复核　记账
单位主管　会计	

2. 4日，向滨海市汇源有限公司采购材料，材料已验收入库，开出转账支票（略）支付货款。（增值税专用发票见图表 3-13）

要求：（1）根据增值税专用发票填制收料单，见图表 3-14。

（2）根据增值税专用发票、转账支票存根（略）、收料单填制付款凭证。

图表 3-13

山东省增值税专用发票

3700161130　　发票联　　№ 0166100

（全国统一发票监制章 山东 国家税务总局监制）

开票日期：2018 年 12 月 04 日

购买方	名　　称：滨海市东方公司 纳税人识别号：913716005637450C47 地址、电话：山东省滨海市长江一路11号 0543-2708456 开户行及账号：中国工商银行胜利路分理处 161321426676522200l	密码区	略

货物或应税劳务、服务名称	规格型号	单位	数量	单价	金额	税率	税额
涤棉 TC	21×21	米	500	20.00	10 000.00	16%	1 600.00
合　计					¥10 000.00		¥1600.00
价税合计（大写）	⊗壹万壹仟陆佰元整				（小写）¥11 600.00		

销售方	名　　称：滨海市汇源有限公司 纳税人识别号：110896754341012347 地址、电话：山东省滨海市和平区东风路38号 开户行及账号：中国工商银行和平分理处 16133000703900053625	备注	（滨海市汇源有限公司 110896754341012 34F 发票专用章）

收款人　　复核　　开票人 张丽丽　　销售方（章）

第三联 发票联 购买方记账凭证

图表 3-14

收 料 单

供应单位：　　　　　　　　　　年　　月　　日　　　　　　　　　材料仓库：　　号

编号	名称	规格	计量单位	数量		实际成本				
				应收	实收	买价		运杂费	其他	合计
						单价	金额			
合计										
备注：										

仓库保管：　　　　　　　　　　会计：　　　　　　　　　　收料：

3. 9日，缴纳上月各项税费，见图表3-15、图表3-16。

要求：根据电子缴税凭证填制付款凭证。

图表 3-15

中国建设银行电子缴税付款凭证

转账日期 2018 年 12 月 9 日　　　　　　　　　　凭证字号：70321868

纳税人全称及纳税识别号：　滨海市东方公司　　913716005637450C47

付款人名称：滨海市东方公司

付款人账号：52641000105675261262　　　　征收机关名称：滨海市开发区国家税务局

付款人开户银行：中国建设银行滨海开发区支行　　收款国库（银行）名称：滨海市支库

小写（合计）金额：¥6 800.00　　　　缴款书交易流水号：2018120918980030

大写（合计）金额：陆仟捌佰元整　　　　税票号码：2018120918980030

税（费）种名称	所属日期	实缴金额
增值税	2018/11/01—2018/11/31	¥6 800.00

中国建设银行
滨海开发区支行
2018.12.09
办讫章

第 1 次打印　　　打印时间　　　2018 年 12 月 9 日　10 时　30 分

第二联　作付款回单（无银行办讫章无效）　　　　复核　　　　记账

图表 3-16

中国建设银行电子缴税付款凭证

转账日期 2018 年 12 月 9 日　　　　凭证字号：70321869

纳税人全称及纳税识别号：	滨海市东方公司	91371600563745OC47	
付款人名称：	滨海市东方公司		
付款人账号：	52641000105675261262	征收机关名称：	滨海市开发区地方税务局
付款人开户银行：	中国建设银行滨海开发区支行	收款国库（银行）名称：	滨海市支库
小写（合计）金额：	¥850.00	缴款书交易流水号：	2018120912346133
大写（合计）金额：	捌佰伍拾元整	税票号码：	2018120912346133
税（费）种名称		所属日期	实缴金额
城市维护建设税		2018/11/01－2018/11/31	¥476.00
教育费附加		2018/11/01－2018/11/31	¥204.00
地方教育费附加		2018/11/01－2018/11/31	¥136.00
水利建设基金		2018/11/01－2018/11/31	¥34.00
第 1 次打印	打印时间	2018 年 12 月 9 日 10 时 35 分	

中国建设银行 滨海开发区支行 2018.12.09 办讫章

第二联　作付款回单（无银行办讫章无效）　　复核　　记账

4. 10 日，收到滨海市汇鑫有限公司开出的转账支票（略，支票号码 3121#）一张，偿还前欠货款 5 600.00 元，并将转账支票送存银行。

要求：（1）开具收款收据，见图表 3-17。

（2）进行转账支票背书，见图表 3-18。

（3）填制进账单，见图表 3-19。

（4）填制收款凭证。

图表 3-17

收　据

年　月　日　　　　№ 20181216

交款单位＿＿＿＿＿＿＿＿　收款方式＿＿＿＿＿＿

收款事由＿＿＿＿＿＿＿＿＿＿＿＿＿＿＿＿＿＿

人民币（大写）＿＿＿＿＿＿＿＿　¥＿＿＿＿＿＿

此联　记账联

收款单位（盖章）

会计主管：　审核：　记账：　出纳：　经办：

图表 3-18

转账支票背面

附加信息：	被背书人	被背书人	（粘贴单处）
	背书人签章 年 月 日	背书人签章 年 月 日	

图表 3-19

中国工商银行 **进 账 单**（收账通知）3

年 月 日 №：

出票人	全 称		收款人	全 称												
	账 号			账 号												
	开户银行			开户银行												
金额	人民币（大写）			亿	千	百	十	万	千	百	十	元	角	分		
票据种类		票据张数														
票据号码																
复核 记账				收款人开户银行签章												

此联是收款人开户银行交给收款人的收账通知

5. 15 日，出纳方慧到开户银行购买支票结算凭证 4 本，每本工本费 25.00 元，支付工本费 100.00 元。

要求：（1）填制银行收费凭条，见图表 3-20。

（2）填制付款凭证。

图表 3-20

中国工商银行　　收费凭条

年　月　日

付款人名称			付款人账号										
服务项目（凭证种类）	数量	工本费	手续费	小　计									上述款项请从我账户中支付
				百	十	万	千	百	十	元	角	分	
合　计													
人民币（大写）													预留印鉴章
以下在购买凭证时填写													
领购人姓名		领购人证件类型											
		领购人证件号码											

事后监督：　　　　记账：

记账凭证附件

6. 15 日，收到委托收款付款通知，已付公司办公用电费，见图表 3-21、图表 3-22。要求：填制付款凭证。

图表 3-21

3700161130

山东省增值税专用发票

发　票　联

No 01651237

日期：2018 年 12 月 15 日

购买方	名称：滨海市东方公司 纳税人识别号：913716005637450C47 地址、电话：山东省滨海市长江一路11号 0543-2708456 开户行及账号：中国工商银行胜利路分理处 1613214266765222001					密码区	略	
货物或应税劳务、服务名称	规格型号	单位	数量	单价	金额	税率	税额	
电费		度	700	0.60	420.00	16%	67.20	
合　计			700		¥420.00		¥67.20	
价税合计（大写）	肆佰捌拾柒元贰角				（小写）¥487.20			
销售方	名称：滨海市供电公司 纳税人识别号：130205896623123457 地址、电话：山东省滨海市黄河三路678号 开户行及账号：中国工商银行沙河分理处 1613214266758333123					备注	滨海市供电公司 130205896623123457 发票专用章	

收款人　　复核 张敏　　开票人 方芳　　销售方（章）

第三联：发票联　购买方记账凭证

图表 3-22

托收凭证（付款通知）1

2018 年 12 月 15 日　　　　No：18121508

业务类型	委托收款（☑邮划、☐电划）　托收承付（☐邮划、☐电划）				
付款人 全称	滨海市东方公司		收款人 全称	滨海市供电公司	
付款人 账号	1613214266765222001		收款人 账号	1613214266758333123	
付款人 地址	山东省 滨海市	开户银行：中国工商银行胜利路分理处	收款人 地址	山东省滨海市	开户银行：中国工商银行沙河分理处
金额 人民币（大写）	柒仟肆佰捌拾柒元贰角				

亿	千	百	十	万	千	百	十	元	角	分
					7	4	8	7	2	0

款项内容	电费	托收凭据名称	增值税专用发票	附寄单证张数	2 张
商品发运情况			合同名称号码		
备注： 复核　　记账		付款人开户银行签章 2018 年 12 月 15 日		付款人注意事项	

中国工商银行 胜利路分理处 2018.12.15 转讫

此联作付款人开户银行交给付款人的按期付款通知

7. 根据以上经济业务登记银行存款日记账。

【实训准备】

1. 专用记账凭证：收款凭证 2 张、付款凭证 5 张。
2. 银行存款日记账（订本账）1 本。
3. 胶棒、签字笔、计算器等实习用品。

【实训点评】

银行存款日记账的登记要求如下：

1. 在账页左上角的“年”栏填写年度。

2. 在账页第一行的“摘要”栏写“承前页”，并将上页中本月内的借方发生额合计、贷方发生额合计和余额抄录至对应栏内。

3. 正确登记日期、凭证编号、摘要和借贷方金额等内容，准确计算，登记余额。

4. 在账页中本月最后一笔业务下面一行的“摘要”栏，以红色签字笔写入“本月合计”或加盖“本月合计”红色印章，将本月借方发生额和贷方发生额分别累加，写入对应栏内，将余额抄入对应栏内，并在此行文字的底线上划一条通栏单红线。

5. 登账时，不得空行、跳行、隔页。
6. 字迹规范，清晰无涂改。

记账凭证填制要求如下：

1. 填写记账凭证的日期、编号和摘要内容。
2. 正确填写总账科目和明细科目。
3. 借贷方向填写正确，数字填写准确。
4. 借方金额合计和贷方金额合计计算正确，借贷金额相等。
5. 据实填写附件张数。
6. 相关人员签章。

原始凭证填制要求如下：

1. 支票存根联日期、收款单位、用途、小写金额与支付联一致。
2. 支票支付联大小写金额对应一致。
3. 日期大写书写规范。
4. 付款用途据实填写。
5. 大小写金额一致，书写规范。
6. 印记完整清晰，无重影，无洇渗，文字朝向符合常人阅读习惯。
7. 收付款单位名称和开户行名称、账号填写准确、完整。

任务三 银行存款余额调节表的编制

【实训目的】

1. 能正确认识银行存款余额调节表的作用。
2. 能准确分析银行对账单与未达账项。
3. 能正确编制银行存款余额调节表。

【实训要求】

1. 正确分析银行对账单与银行存款日记账，做到不漏、不重。
2. 准确分析未达账项，做到准确、无误。
3. 编制银行存款余额调节表，做到归类正确，计算准确等。

【实训步骤】

1. 根据银行对账单与银行存款日记账记录，找出未达账项。
2. 编制滨海市东方公司 2018 年 12 月 31 日银行存款余额调节表。

（提示：应考虑 11 月份银行存款余额调节表。）

一、2018年12月份有关银行对账单及银行存款日记账资料

1. 东方公司2018年11月30日的银行存款余额调节表见图表3-23。

图表3-23

银行存款余额调节表

单位名称：滨海市东方公司　　　　2018年11月30日

开户银行及账号：中国工商银行胜利分理处1613214266765222001　　　　单位：元

项　　目	金　　额	项　　目	金　　额
银行存款日记账余额	626 000	银行对账单余额	672 900
加：银行已收，企业未收	42 900	加：企业已收，银行未收	
减：银行已付，企业未付		减：企业已付，银行未付	4 000
调节后余额	668 900	调节后余额	668 900

会计主管：李艳　　　　制表：方慧

2. 东方公司2018年12月份的银行存款日记账见图表3-24。

图表3-24

银行存款日记账

2018年 月	日	凭证号	对方科目	摘　　要	借方	贷方	余额
12	1			期初余额			626 000
	2	银付1	库存现金	提现备用（现支553#）		3 000	623 000
	3	银收1	应收账款	托收款回笼（托收3548#）	42 900		665 900
	4	银收2	应交税费	缴纳所得税（转支6370#）		60 000	605 900
	5	银付3	在途物资等	购进材料（电汇8746#）		81 900	524 000
	6	现付1	库存现金	销货款解存银行（缴245#）	58 000		582 000
	10	银收2	主营业务收入等	销售商品（进账单765#）	34 800		616 800
	11	银付4	应付职工薪酬	代发工资（转支6371#）		101 500	515 300
	13	银收3	其他货币资金	汇票余款（汇6374#）	24 500		539 800
	16	银收4	短期借款	借款（借款单4230#）	500 000		1 039 800
	18	银付5	其他货币资金	办理本票（本票6025#）		50 000	989 800
	22	银付6	其他货币资金	办理汇票（汇0559#）		100 000	889 800
	26	银付7	库存现金	提现备用（现支554#）		1 500	888 300
	29	银付8	管理费用	财产保险费（转支6372#）		5 000	883 300
	31			本月合计	660 200	402 900	883 300

3. 东方公司2018年12月份的银行对账单见图表3-25。

图表3-25

中国工商银行胜利分理处 对账单

单位名称：滨海市东方公司

账号：1613214266765222001　　2018年12月31日止　　单位：元

2018年		摘要	结算凭证	借方	贷方	借或贷	金额
月	日						
12	1	期初余额				贷	672 900
	3	支取现金	现支553#	3 000		贷	669 900
	4	缴纳税款	转支6370#	60 000		贷	609 900
	5	购进材料	电汇8746#	81 900		贷	528 000
	6	送存现金	现缴245#		58 000	贷	586 000
	6	购材料	转支8764#	4000		贷	582 000
	9	汇票余款	银汇6374#		24 500	贷	606 500
	10	转发工资	转支6371#	101 500		贷	505 000
	14	收到销货款	转支8922#		34 800	贷	539 800
	15	办理本票付货款	本票6025#	50 000		贷	489 800
	16	贷款	借款单4230#		500 000	贷	989 800
	20	办理汇票	汇票0559#	100 000		贷	889 800
	25	委托付款	委托7543#	2 260		贷	887 540
	30	收货款进账	汇划5678#		12 260	贷	899 800
	31	收利息	结算单345#		3 019	贷	896 781

4. 根据上述相关资料，编制东方公司2018年12月份的银行存款余额调节表，见图表3-26。

图表3-26

银行存款余额调节表

单位名称：　　年　月　日

开户银行及账号：　　单位：元

项目	金额	项目	金额
银行存款日记账余额		银行对账单余额	
加：银行已收，企业未收		加：企业已收，银行未收	
减：银行已付，企业未付		减：企业已付，银行未付	
调节后余额		调节后余额	

会计主管：　　制表：

【实训准备】

1. 银行存款日记账。
2. 银行存款余额调节表。
3. 银行对账单。
4. 签字笔、计算器等实习用品。

【实训点评】

银行存款余额调节表的编制要求如下：

1. 对账——银行存款日记账与银行对账单相核对。
2. 找出本月的未达账项。
3. 剔除上月的未达账项。
4. 编制银行存款余额调节表。

【知识链接】

调整后的存款余额相等，一般情况下可以说明双方账面记录无误。

如果调整后的存款余额不等，说明双方记录有差错，需进一步核对项目，查找原因，并加以更正。

调节后的存款余额表明企业可以支用的银行存款实有数额。

调整记录不能作为单位调整账面记录的依据，只有收到有关凭证以后才能进行账务处理。

项目四

材料会计岗位模拟实训

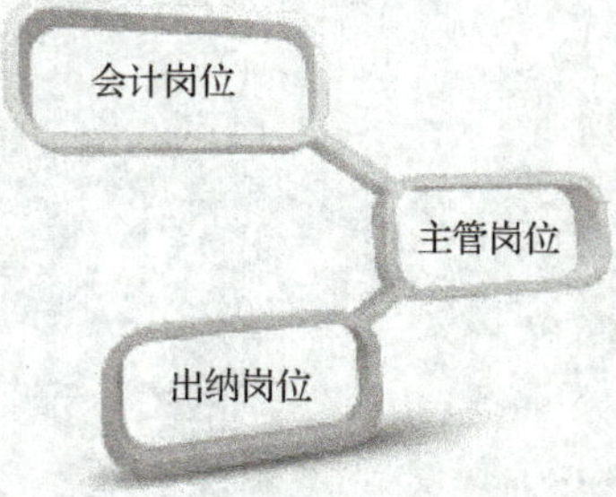

任务一 材料采购业务模拟实训

【实训目的】

1. 了解材料采购业务的核算流程。
2. 熟悉材料采购成本的计算方法。
3. 掌握材料采购业务的凭证格式及填制方法。
4. 能够正确设置材料总分类账及明细分类账并进行平行登记。

【实训要求】

1. 认真审核采购材料过程中取得的相关原始凭证，要真实可靠、书写清楚、内容完整等。
2. 按实际成本计价方法计算材料采购成本，做到费用分摊合理、计算准确。
3. 填制记账凭证，做到项目齐全、内容正确、填制及时等。
4. 登记原材料明细账，做到逐笔登记、书写规范、记录准确。
5. 登记原材料总分类账，做到总账与明细账平行登记，并试算平衡。

【实训步骤】

1. 开设原材料数量金额式明细账，并登记期初余额。
2. 根据【业务描述及所附原始凭证】中的经济业务，填制通用记账凭证并审核。
3. 根据审核无误的会计凭证逐笔登记原材料明细账。

【业务描述及所附原始凭证】

一、模拟企业概况

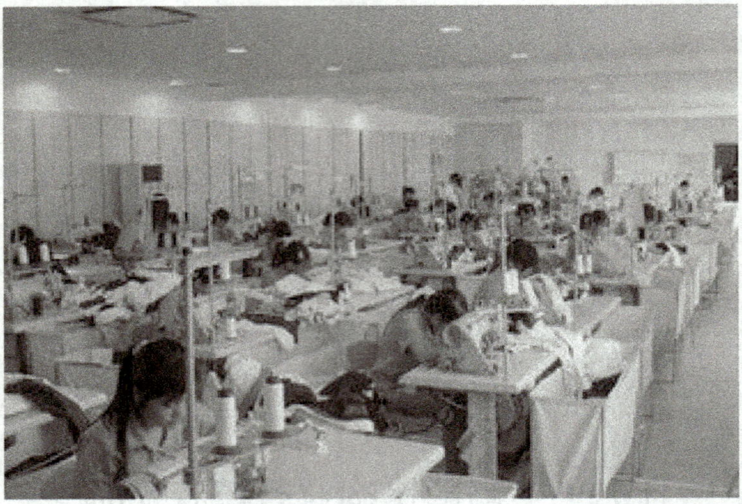

滨海市东方公司是一家集服装设计、研发、生产、加工、销售于一体的综合型小型企业，主要业务为各类工作服、休闲服装的生产与加工，其生产用原料主要有全棉、涤棉等。该公司坐落在滨海市长江一路 11 号，电话 0543-2708456。该公司为增值税一般纳税人，适用的增值税税率为 16%，城市维护建设税税率为 7%，教育费附加征收率为 3%，地方教育费附加征收率为 2%，水利建设基金征收率为 0.5%，企业所得税税率为 25%。纳税人识别号：913716005637450C4F。该公司在滨海市中国工商银行胜利路分理处开立基本存款账户，账号：1613214266765222001。企业法人代表张新华，会计主管林青，出纳员王丽，会计李平。

2018 年 7 月初该公司原材料账户期初余额如下：

原材料——涤棉 TC 布　　2 200 元（数量：2 匹）

——全棉帆布面料 68×38　3 450 元（数量：3 匹）

——全棉帆布面料 77×77　6 000 元（数量：5 匹）

二、该公司 2018 年 7 月份发生的有关材料采购的经济业务

1. 1 日，向浙江金桥纺织品有限公司购入棉布一批，取得增值税专用发票，棉布已经到达并全数验收入库，货款通过银行转账支付，见图表 4-1 至图表 4-7。

图表 4-1

4400154160 **浙江省增值税专用发票**

发 票 联

№ 13400162

开票日期：2018 年 7 月 01 日

购买方	名 称：滨海市东方公司 纳税人识别号：913716005637450C47 地址、电话：山东省滨海市长江一路 11 号 0543-2708456 开户行及账号：中国工商银行胜利路分理处 1613214266765222001					密码区	略	
货物或应税劳务、服务名称	规格型号	单位	数量	单价	金额	税率	税额	
涤棉 TC 布		匹	10	1 100	11 000	16%	1 760	
全棉帆布面料	77×77	匹	10	1 300	13 000	16%	2 080	
合 计			20		¥24 000		¥3 840	
价税合计（大写）	⊗ 贰万柒仟捌佰肆拾元整					（小写）¥27 840.00		
销售方	名 称：浙江金桥纺织品有限公司 纳税人识别号：440402556337606116C1 地址、电话：浙江省金华市临江路 20 号 0579-3706123 开户行及账号：中国工商银行临江路分理处 10612143567683366123					备注	浙江金桥纺织品有限公司 440402556337606116C1 发票专用章	

第三联 发票联 购买方记账凭证

收款人　　复核　　开票人 董红　　销售方（章）

图表 4-2

4400154160 **浙江省增值税专用发票**

抵 扣 联

№ 13400162

开票日期：2018 年 7 月 01 日

购买方	名 称：滨海市东方公司 纳税人识别号：913716005637450C47 地址、电话：山东省滨海市长江一路 11 号 0543-2708456 开户行及账号：中国工商银行胜利路分理处 1613214266765222001					密码区	略	
货物或应税劳务、服务名称	规格型号	单位	数量	单价	金额	税率	税额	
涤棉 TC 布		匹	10	1 100	11 000	16%	1 760	
全棉帆布面料	77×77	匹	10	1 300	13 000	16%	2 080	
合 计			20		¥24 000		¥3 840	
价税合计（大写）	⊗ 贰万柒仟捌佰肆拾元整					（小写）¥27 840.00		
销售方	名 称：浙江金桥纺织品有限公司 纳税人识别号：440402556337606116C1 地址、电话：浙江省金华市临江路 20 号 0579-3706123 开户行及账号：中国工商银行临江路分理处 10612143567683366123					备注	浙江金桥纺织品有限公司 440402556337606116C1 发票专用章	

第二联 抵扣联 购买方抵扣凭证

收款人　　复核　　开票人 董红　　销售方（章）

图表 4-3

4400154160

浙江省增值税专用发票

浙江 国家税务总局监制

发 票 联

№ 21400367

开票日期：2018 年 7 月 01 日

购买方	名　　称：滨海市东方公司 纳税人识别号：91371600563745OC47 地址、电话：山东省滨海市长江一路 11 号 0543-2708456 开户行及账号：中国工商银行胜利路分理处 1613214266765222001				密码区	略		
货物或应税劳务、服务名称		规格型号	单位	数量	单价	金额	税率	税额
运费				1	400.00	400.00	10%	40.00
合　　计						¥400.00		¥40.00
价税合计（大写）	⊗肆佰肆拾元整					（小写）¥440.00		
销售方	名　　称：浙江金桥运输有限公司 纳税人识别号：44040255625734526C3 地址、电话：浙江省金华市金龙路 36 号 0579-3708567 开户行及账号：中国工商银行环海路分理处 1061214123768456237				备注	浙江金桥运输有限公司 44040255625734526C3 发票专用章		

收款人　　　　复核　　　　开票人 赵丽丽　　　　销售方（章）

第三联 发票联 购买方记账凭证

图表 4-4

4400154160

浙江省增值税专用发票

浙江 国家税务总局监制

抵 扣 联

№ 21400367

开票日期：2018 年 7 月 01 日

购买方	名　　称：滨海市东方公司 纳税人识别号：91371600563745OC47 地址、电话：山东省滨海市长江一路 11 号 0543-2708456 开户行及账号：中国工商银行胜利路分理处 1613214266765222001				密码区	略		
货物或应税劳务、服务名称		规格型号	单位	数量	单价	金额	税率	税额
运费				1	400.00	400.00	10%	40.00
合　　计						¥400.00		¥40.00
价税合计（大写）	⊗肆佰肆拾元整					（小写）¥440.00		
销售方	名　　称：浙江金桥运输有限公司 纳税人识别号：44040255625734526C3 地址、电话：浙江省金华市金龙路 36 号 0579-3708567 开户行及账号：中国工商银行环海路分理处 1061214123768456237				备注	浙江金桥运输有限公司 44040255625734526C3 发票专用章		

收款人　　　　复核　　　　开票人 赵丽丽　　　　销售方（章）

第二联 抵扣联 购买方抵扣凭证

图表 4-5

中国工商银行 电子转账凭证

委托日期：2018 年 07 月 01 日　　　　凭证编号：3400123464383475

汇款人	全称	滨海市东方公司	收款人	全称	浙江金桥纺织品有限公司											
	账号	1613214266765222001		账号	1061214356768366123											
	汇出地点	山东省滨海市		汇入地点	浙江省金华市											
	汇出行名称	中国工商银行胜利路分理处		汇入行名称	中国工商银行临江路分理处											
金额	（大写）	贰万捌仟贰佰捌拾元整		亿	千	百	十	万	千	百	十	元	角	分		
							¥	2	8	2	8	0	0	0		
附加信息机用途：		中国工商银行 胜利路分理处 2016.07.01 转讫 （银行盖章）		支付密码												
				根据中国工商银行 1613214266765222001 账户 0012367668 号电子指令，上述款项已由滨海市东方公司支付。												
				客户经办人员：刘丽　复核：黄明　记账：												

第一联 客户回单

图表 4-6

材料入库单

2018 年 07 月 01 日

供货单位：浙江金桥纺织品有限公司　　　　№：0007003

材料编号	材料名称	规格型号	计量单位	数量		备注
				应收	实收	
101	涤棉 TC 布		匹	10	10	
201	全棉帆布面料	77×77	匹	10	10	

第二联 记账联

采购主管：赵琳　　采购人：姜红　　仓库主管：孙晓丽　　收料人：李大伟

图表 4-7

材料采购成本计算表

供货单位：浙江金桥纺织品有限公司　2018 年 07 月 01 日　　　　单位：元

材料名称	计量单位	发票单价	应收数量	实收数量	买价	采购费用			实际采购成本	单位成本
						分配标准	分配率	分配费用		
涤棉 TC 布	匹					10				
全棉帆布面料	匹					10				
合计						20				
备注										

复核：张丽　　　　制表：宁静

2. 5日，通过银行转账预付山东嘉嘉纺织品有限公司货款 5 000 元，采购全棉 77×77 帆布面料，见图表 4-8。

图表 4-8

中国工商银行　电子转账凭证

委托日期：2018年07月05日　　　　凭证编号：3400123987456235

汇款人	全　称	滨海市东方公司	收款人	全　称	山东嘉嘉纺织品有限公司
	账　号	1613214266765222001		账　号	1651214278965123026
	汇出地点	山东省滨海市		汇入地点	山东省临沂市
	汇出行名称	中国工商银行胜利路分理处		汇入行名称	中国工商银行北园路分理处

金额	亿	千	百	十	万	千	百	十	元	角	分
（大写）伍仟元整					¥	5	0	0	0	0	0

附加信息机用途： 预付货款 中国工商银行 胜利路分理处 2018.07.05 转讫 （银行盖章）	支付密码 根据中国工商银行 1613214266765222001 账户 0012367773 号电子指令，上述款项已由滨海市东方公司支付。 客户经办人员：刘丽　复核：黄明　记账：

第一联 客户回单

3. 12日，上月购入的全棉 68×38 帆布面料已经到达并全数验收入库，见图表 4-9、图表 4-10。

图表 4-9

材　料　入　库　单

2018年 07 月 12 日

供货单位：上海明珠纺织品有限公司　　　　№：0007005

材料编号	材料名称	规格型号	计量单位	数量		备注
				应收	实收	
202	全棉帆布面料	68×38	匹	8	8	

第二联 记账联

采购主管：赵琳　　采购人：张英　　仓库主管：孙晓丽　　收料人：李大伟

图表 4-10

材料采购成本计算表

供货单位：上海明珠纺织品有限公司　2018年 07 月 12 日　　　　单位：元

材料名称	计量单位	发票单价	应收数量	实收数量	买价	采购费用			实际采购成本	单位成本
						分配标准	分配率	分配费用		
全棉帆布面料	匹	1 200	8	8	9 600.00			120.00	9 720.00	1 215.00
合计					9 600.00			120.00	9 720.00	
备注										

复核：张丽　　　　制表：夏天

4. 18 日，向江西华贸纺织品公司购入涤棉 TC 布一批，取得增值税专用发票，涤棉 TC 布已经到达并全数验收入库，货款尚未支付，见图表 4-11 至图表 4-14。

图表 4-11

4400165128　　**江西省增值税专用发票**

发　票　联

国家税务总局监制

№ 32800267

开票日期：2018 年 7 月 18 日

购买方	名　　称：滨海市东方公司 纳税人识别号：913716005637450C47 地 址 、电 话：山东省滨海市长江一路 11 号 0543-2708456 开户行及账号：中国工商银行胜利路分理处 1613214266765222001				密码区	略	
货物或应税劳务、服务名称	规格型号	单位	数量	单价	金额	税率	税额
涤棉 TC 布		匹	15	1 050.00	15 750.00	16%	2 520.00
合　计			15		¥15 750.00		¥2 520.00
价税合计（大写）	⊗ 壹万捌仟贰佰柒拾元整				（小写）¥18 270.00		
销售方	名　　称：江西华贸纺织品有限公司 纳税人识别号：44043266756723321C3 地 址 、电 话：江西省吉安市吉安路 126 号 0796-4612376 开户行及账号：中国工商银行吉安路分理处 1261214567321134897				备注	江西华贸纺织品有限公司 44043266756723321C3 发票专用章	

收款人　　复核　　开票人 赵颖　　销售方（章）

第三联 发票联 购买方记账凭证

图表 4-12

4400165128　　**江西省增值税专用发票**

抵　扣　联

国家税务总局监制

№ 32800267

开票日期：2018 年 7 月 18 日

购买方	名　　称：滨海市东方公司 纳税人识别号：913716005637450C47 地 址 、电 话：山东省滨海市长江一路 11 号 0543-2708456 开户行及账号：中国工商银行胜利路分理处 1613214266765222001				密码区	略	
货物或应税劳务、服务名称	规格型号	单位	数量	单价	金额	税率	税额
涤棉 TC 布		匹	15	1 050.00	15 750.00	16%	2 520.00
合　计			15		¥15 750.00		¥2 520.00
价税合计（大写）	⊗ 壹万捌仟贰佰柒拾元整				（小写）¥18 270.00		
销售方	名　　称：江西华贸纺织品有限公司 纳税人识别号：44043266756723321C3 地 址 、电 话：江西省吉安市吉安路 126 号 0796-4612376 开户行及账号：中国工商银行吉安路分理处 1261214567321134897				备注	江西华贸纺织品有限公司 44043266756723321C3 发票专用章	

收款人　　复核　　开票人 赵颖　　销售方（章）

第二联 抵扣联 购买方抵扣凭证

图表 4-13

材料入库单

2018年 07 月 18 日

供货单位：江西华贸纺织品有限公司　　　　№：0007006

材料编号	材料名称	规格型号	计量单位	数量		备注
				应收	实收	
101	涤棉 TC 布		匹	15	15	

第二联 记账联

采购主管：赵琳　　采购人：李华　　仓库主管：孙晓丽　　收料人：李大伟

图表 4-14

材料采购成本计算表

供货单位：上海明珠纺织品有限公司　　2018 年 07 月 18 日　　单位：元

材料名称	计量单位	发票单价	应收数量	实收数量	买价	采购费用			实际采购成本	单位成本
						分配标准	分配率	分配费用		
涤棉 TC 布	匹									
合计										
备注										

复核：张丽　　制表：夏天

5. 20 日，收到山东嘉嘉纺织品有限公司发来的帆布面料，验收入库，见图表 4-15 至图表 4-18。

图表 4-15

3700161130

山东省增值税专用发票

发 票 联

№ 01656876

开票日期：2018 年 7 月 20 日

购买方	名　　称：滨海市东方公司 纳税人识别号：913716005637450C47 地址、电话：山东滨海市长江一路 11 号 0543-2708456 开户行及账号：中国工商银行胜利路分理处 1613214266765222001				密码区	略	
货物或应税劳务、服务名称	规格型号	单位	数量	单价	金额	税率	税额
全棉帆布面料	77×77	匹	6	1 250.00	7 500.00	16%	1 200.00
合　　计			6		¥7 500.00		¥1 200.00
价税合计（大写）	⊗ 捌仟柒佰元整				（小写）¥8 700.00		
销售方	名　　称：山东嘉嘉纺织品有限公司 纳税人识别号：36210502131871 31D2 地址、电话：山东省临沂市北园路 21 号 0539-4612345 开户行及账号：中国工商银行北园路分理处 1651214266768366016				备注	山东嘉嘉纺织品有限公司 36210502131871 31D2 发票专用章	

第三联 发票联 购买方记账凭证

收款人　　复核　　开票人 张丽丽　　销售方（章）

图表 4-16

山东省增值税专用发票

3700161130

抵扣联

№ 01656876

开票日期：2018 年 7 月 20 日

购买方	名　　称：滨海市东方公司 纳税人识别号：913716005637450C47 地址、电话：山东滨海市长江一路11号 0543-2708456 开户行及账号：中国工商银行胜利路分理处 1613214266765222001					密码区	略	
货物或应税劳务、服务名称	规格型号	单位	数量	单价	金额	税率	税额	
全棉帆布面料	77×77	匹	6	1 250.00	7 500.00	16%	1 200.00	
合　　计			6		¥7 500.00		¥1 200.00	
价税合计（大写）	⊗ 捌仟柒佰元整				（小写）¥8 700.00			
销售方	名　　称：山东嘉嘉纺织品有限公司 纳税人识别号：3621050213187131D2 地址、电话：山东省临沂市北园路21号 0539-4612345 开户行及账号：中国工商银行北园路分理处 1651214266768366016					备注	山东嘉嘉纺织品有限公司 3621050213187131D2 发票专用章	

第二联 抵扣联 购买方抵扣凭证

收款人　　复核　　开票人 张丽丽　　销售方（章）

图表 4-17

材　料　入　库　单

2018年 07 月 20 日

供货单位：山东嘉嘉纺织品有限公司　　№：0007006

材料编号	材料名称	规格型号	计量单位	数量		备注
				应收	实收	
201	全棉帆布面料	77×77	匹	6	6	

第二联 记账联

采购主管：赵琳　　采购人：李颖　　仓库主管：孙晓丽　　收料人：李大伟

图表 4-18

材料采购成本计算表

供货单位：上海明珠纺织品有限公司　　2018年 07 月 20 日　　单位：元

材料名称	计量单位	发票单价	应收数量	实收数量	买价	采购费用			实际采购成本	单位成本
						分配标准	分配率	分配费用		
全棉帆布面料	匹									
合计										
备注										

复核：张丽　　制表：夏天

6. 25日，结清山东嘉嘉纺织品有限公司货款，见图表4-19。

图表 4-19

中国工商银行
转账支票存根
10203310
00165032

附加信息

出票日期：2018年7月25日

收款人：山东嘉嘉纺织品有限公司
金　额：¥8 700.00
用　途：购料款

单位主管　　会计

7. 28日，支付江西华贸纺织品公司货款，见图表4-20。

图表 4-20

中国工商银行　电 汇 凭 证

委托日期：2018年07月28日　　凭证编号：3400578464381167

汇款人	全称	滨海市东方公司	收款人	全称	江西华贸纺织品有限公司								
	账号	161214266765222001		账号	1261214567321134897								
	汇出地点	山东省滨海市		汇出地点	江西省吉安市								
	汇出行名称	中国工商银行胜利路分理处		汇出行名称	中国工商银行吉安路分理处								
金额	（大写）壹万捌仟贰佰柒拾元整			亿	千	百	十	万	千	百	十	元	角	分
							¥	1	8	2	7	0	0	0
中国工商银行 胜利路分理处 2018.07.28 转讫（汇出行盖章）				支付密码										
				附加信息及用途：结清货款										
				客户经办人员：刘丽　复核：黄明　记账：										

此联汇出行给汇款人的回单

8. 30日，收到江苏大丰商贸纺织公司发来的全棉68×38帆布面料，验收入库。发票未到，暂估入账（暂估价1 200元/匹），见图表4-21。

图表 4-21

材 料 入 库 单

供货单位：江苏大丰商贸纺织公司　　2018年 07 月 30 日　　№：0007010

材料编号	材料名称	规格型号	计量单位	数量		备注
				应收	实收	
202	全棉帆布面料	68×38	匹	10	10	
合　计						

第二联　记账联

采购主管：赵琳　　采购人：姜红　　仓库主管：孙晓丽　　收料人：李大伟

【实训准备】

1. 记账凭证 10 张。
2. 三栏式总账账页 1 张，数量金额式明细账页 2 张。
3. 固体胶棒 1 支，剪刀 1 把，直尺 1 把。

【实训点评】

运费的分摊方法：

1. 如果一次采购一种材料，运费无须分摊，直接计入所购材料成本。
2. 如果一次采购两种或两种以上材料，运费需要在所购材料之间进行合理分摊。

分摊标准：可以是重量、数量、金额等。

分摊公式：

$$运费分配率=\frac{待分配运费总额}{分配标准合计}$$

某种材料应负担的运费=该种材料的分配标准×运费分配率

任务二　材料领用业务模拟实训

【实训目的】

1. 了解材料领用业务的核算流程。

2. 熟悉材料发出成本的计算方法。
3. 掌握材料发出业务的凭证格式及填制方法。
4. 掌握材料总分类账及明细分类账的设置与平行登记。

【实训要求】

1. 认真审核材料领用过程中取得的相关原始凭证，要真实可靠、书写清楚、内容完整等。
2. 按实际成本计价方法计算材料发出成本，做到方法恰当、计算准确。
3. 填制记账凭证，做到项目齐全、内容正确、填制及时等。
4. 登记原材料明细账、生产成本明细账，做到逐笔登记、书写规范、记录准确。

【实训步骤】

1. 沿用任务一开设的原材料数量金额式明细账。
2. 根据【业务描述及所附原始凭证】中的经济业务，分别用先进先出法、加权平均法计算发出材料成本。
3. 填制通用记账凭证并审核。
4. 根据审核无误的会计凭证逐笔登记原材料明细账，并进行月末结账。

一、该公司2018年7月发生的材料领用等业务

1. 2日，领用77×77全棉帆布面料8匹，为天兴公司定做全棉帆布工作服150套，见图表4-22。

图表4-22

领 料 单

领料部门：生产车间　　　　　　　　　　　　№：201807001

领料用途：天兴公司工作服150套　　2018年07月02日　　发料仓库：原料库

编号	材料名称	规格型号	计量单位	单价	请领数量	实发数量	金额
201	全棉帆布面料	77×77	匹		8	8	
合计					8	8	

第三联 记账联

仓库主管：孙晓丽　　仓管员：张英红　　财务：宁晓苗　　经办人：李英

2. 10日，领用涤棉TC布6匹，用于加工运动服120套，见图表4-23。

图表4-23

领　料　单

领料部门：生产车间　　　　　　　　　　　　　　　　　　№：201807002

领料用途：运动服120套　　　　　2018年 07 月 10 日　　　　　发料仓库：原料库

编号	材料名称	规格型号	计量单位	单价	请领数量	实发数量	金额
101	涤棉TC布		匹		6	6	
合计					6	6	

第三联　记账联

仓库主管：孙晓丽　　仓管员：张英红　　财务：宁晓苗　　经办人：张丽丽

3. 16日，领用68×38全棉帆布面料3匹，用于加工床上用品四件套，见图表4-24。

图表4-24

领　料　单

领料部门：生产车间　　　　　　　　　　　　　　　　　　№：201807003

领料用途：床上用品四件套　　　　　2018年 07 月 16 日　　　　　发料仓库：原料库

编号	材料名称	规格型号	计量单位	单价	请领数量	实发数量	金额
202	全棉帆布面料	68×38	匹		3	3	
合计					3	3	

第三联　记账联

仓库主管：孙晓丽　　仓管员：张英红　　财务：宁晓苗　　经办人：赵明月

4. 22日，出售77×77全棉帆布面料2匹，材料已发出，收到转账支票一张，见图表4-25、图表4-26和图表4-27。

图表 4-25

山东省增值税专用发票

3700161130

记 账 联

№ 01656798

开票日期： 2018 年 7 月 22 日

购买方	名　　称：山东乐视商贸有限公司 纳税人识别号：36210712456872837C 地址、电话：山东省滨海市海滨路 36 号 0543-3326123 开户行及账号：中国工商银行海滨分理处 1613214266135366168				密码区	略		
货物或应税劳务、服务名称	规格型号	单位	数量	单价	金额	税率	税额	
全棉帆布面料	77×77	匹	2	1 350.00	2 700.00	16%	432.00	
合　　计			2		¥2 700.00		¥432.00	
价税合计（大写）	⊗ 叁仟壹佰叁拾贰元整					（小写）¥3 132.00		
销售方	名　　称：滨海市东方公司 纳税人识别号：913716005637450C47 地址、电话：山东省滨海市长江一路 11 号 0543-2708456 开户行及账号：中国工商银行胜利路分理处 1613214266765222001				备注			

第一联 记账联 销售方记账凭证

收款人　　复核　　开票人 赵丽　　销售方（章）

图表 4-26

出　库　单

购货单位：山东乐视商贸有限公司　　2018 年 07 月 22 日　　№：201807006

编号	产品名称	规格型号	计量单位	单价	请领数量	实发数量	金 额
201	全棉帆布面料	77×77	匹		2	2	
合计					2	2	

第三联 记账联

仓库主管：孙晓丽　　仓管员：张英红　　财务：宁晓苗　　经办人：李英

图表 4-27

中国工商银行 **转账支票**

10203310
00136028

本支票付款期限十天

出票日期（大写）贰零壹捌年柒月贰拾贰日

付款行名称：中国工商银行海滨路分理处

收款人：滨海市东方公司

付款人账号：1613214266135366168

人民币（大写）	叁仟壹佰叁拾贰元整	亿	千	百	十	万	千	百	十	元	角	分
						¥	3	1	3	2	0	0

用途：材料款

密码

上列款项请从
我账户内支付

财务专用章

张宏达印

出票人签章

复核 记账

5. 31 日，运用先进先出法计算本月发出材料的成本，见图表 4-28。

图表 4-28

发料凭证汇总表

2018 年 07 月

应借账户 应贷账户		生产成本									其他业务成本			备注
		工作服			床上四件套			运动服						
		数量	单价	金额	数量	单价	金额	数量	单价	金额	数量	单价	金额	
原材料	涤棉 TC 布													
	全棉帆布面料 77×77													
	全棉帆布面料 68×38													
合计														

复核： 制表：

6. 31 日，运用加权平均法计算本月发出材料的成本，见图表 4-29。

图表 4-29

发料凭证汇总表

2018 年 07 月

应借账户 / 应贷账户		生产成本									其他业务成本			备注
		工作服			床上四件套			运动服						
		数量	单价	金额	数量	单价	金额	数量	单价	金额	数量	单价	金额	
原材料	涤棉 TC 布													
	全棉帆布面料 77×77													
	全棉帆布面料 68×38													
合计														

7. 31 日，结转材料仓库盘盈盘亏，见图表 4-30。

图表 4-30

存货盘点盈亏报告表

2018 年 07 月 31 日

存货编号	名称	计量单位	数量		盘盈		盘亏		原因
			账存	实存	数量	金额	数量	金额	
101	涤棉 TC 布		21	21					
201	全棉帆布面料	77×77	11	10			1		原因待查
202	全棉帆布面料	68×38	8	8					
处理意见	清查小组			领导审批					
	应登记入账并报批。 签章：孙晓丽			签章：　　年　　月　　日					

第一联 报批前记账

复核：张红　　　　制单：刘梅

8. 经查，上述材料盘亏原因：管理不善造成。由管理员负担 60%，其余计入“管理费用”。

【实训准备】

1. 记账凭证 3 张。
2. 数量金额式明细账页 1 张，生产成本明细账 3 张。
3. 固体胶棒 1 支，剪刀 1 把，直尺 1 把。

【实训点评】

1. 存货发出的计价方法：个别计价法、先进先出法、加权平均法。
2. 总账与明细账平行登记的规则：同方向、同金额、同期间。

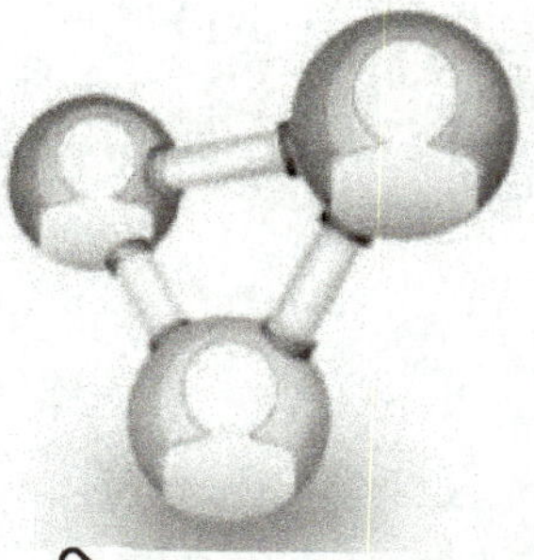

【知识链接】

材料会计岗位职责

1. 健全材料核算的明细科目，参与编制材料采购用款计划。

2. 审核材料出入库单、发票及其结算凭证，据以填制记账凭证，交复核会计复核。

3. 根据复核会计复核无误的凭证及时登记材料核算明细账。

4. 及时核对车间、仓库材料报表及材料出库单。

5. 月末及时编制材料消耗汇总表，并编制会计凭证。

6. 月末对材料明细账和总账进行核对，对发票未到的材料进行估价入账处理。

7. 月末将各类材料出入库情况与仓库保管员进行核对，做到账账相符。

8. 配合财务检查，按时参加有关清产核资工作，做到账实相符。

项目五

成本会计岗位模拟实训

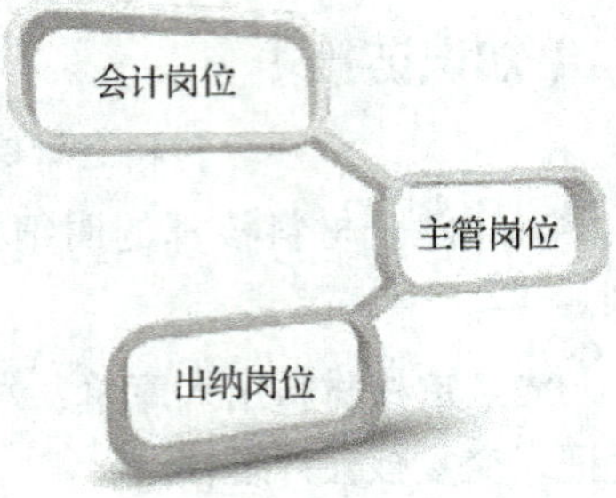

任务一　材料费用的归集与分配

【实训目的】

1. 明确材料费用的构成。
2. 熟悉各种材料费用汇集与分配的程序。
3. 掌握材料费用计入产品成本的方法。

【实训要求】

1. 认真分析各项材料费用的构成，做到内容完整，不漏、不重。
2. 根据领料单等原始凭证汇集各种材料费用，做到汇总全面、内容完整。
3. 按照领料用途，选择适当的方法编制材料费用分配表，做到分类准确、计算正确。
4. 根据材料费用分配表，编制转账凭证，做到项目齐全、书写规范、手续完备等。
5. 根据审核无误的记账凭证，登记材料明细账，做到逐笔登记、书写规范、记录准确。

【实训步骤】

1. 开设生产成本多栏式明细账、制造费用明细账，并登记期初余额。
2. 根据【业务描述及所附原始凭证】中的经济业务，计算汇总、分配各项材料费用。
3. 填制通用记账凭证，并进行审核。
4. 登记生产成本、制造费用明细账。

【业务描述及所附原始凭证】

一、模拟企业概况

1. 滨海市东方公司是一家综合性公司，下属的一家造纸厂主要生产打印纸、包装纸两种产品。材料存货分为原材料及主要材料、燃料、包装材料和其他材料四大类，按实际成本计价，发出材料成本采用月末一次加权平均法计算。

2. 该造纸厂下设制浆车间、造纸一车间和造纸二车间三个生产车间，其中，制浆车间为造纸车间提供造纸原浆，造纸一车间主要生产打印纸，造纸二车间主要生产包装纸。

3. 制浆车间的材料费用按各产品的本期投产产量，分配计入造纸车间间接材料费用；造纸车间领用的原材料作为直接材料费用，计入对应产品“生产成本明细账”的直接材料项目；间接材料费用按各产品本期投产产量（重量）比例分配计入各产品成本。

4. 造纸一车间 12 月初有在产品（包装纸）35 吨，在产品成本为 4 218 元，即：“生产成本——包装纸”期初余额为 4 218 元，其中：直接材料费用 2 588.66 元，直接人工费用 680.73 元，其他直接费用 492.34 元，制造费用 456.27 元；造纸二车间无期初在产品（打印纸）。

5. 包装纸本月投产 160 吨，打印纸本月投产 180 吨，所需原材料期初一次性投入。

6. 材料日常发出核算程序：各用料单位填制一式四联“领料单”，据以从材料仓库领用材料，月末由各用料单位专职人员根据领退料凭证进行汇总，财务部门材料核算员划价进行金额汇总。

7. 造纸工艺流程见图表 5-1。

图表 5-1

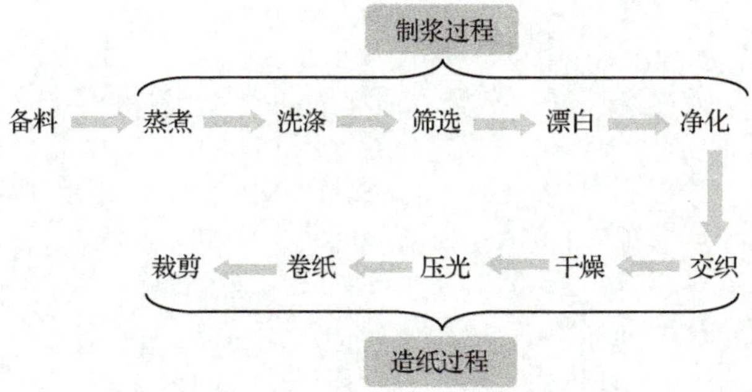

二、该公司 2018 年 12 月份的材料发出核算汇总情况

1. 生产车间生产产品领用原材料及主要材料汇总见图表 5-2、图表 5-3。

图表 5-2

造纸车间领用原材料及主要材料汇总表（一）

2018 年 12 月 31 日　　单位：元

材料名称	单价	单位	造纸一车间（包装纸）		造纸二车间（打印纸）		合计	
			数量	金额	数量	金额	数量	金额
滑石粉	2 500	t	55	137 500.00				
硫酸铝	480	t	26	12 480.00				
松香	4 480	t	6	26 880.00				
纯碱	2	kg	900	1 800.00				
柔软剂	4 860	t			2	9 720.00		
废黄板纸	300	t			3	900.00		
合计	—	—						

主管：　　审核：　　制表：

图表 5-3

制浆车间领用原材料及主要材料汇总表（二）

2018 年 12 月 31 日　　单位：元

材料名称	单位	单价	备料		蒸煮		苛化		盘磨		成浆		合计	
			数量	金额	数量	金额	数量	金额	数量	金额	数量	金额	数量	金额
麦草	t	75	760	57 000.00										
烧碱	t	460			220	101 200.00								
亚钠	t	660			14	9 240.00								
硫化碱	t	1 150			6	6 900.00								
液氯	t	780					45	35 100.00						
白灰	t	65					65	4 225						
石蜡	kg	5							150	750.00				
增白剂	t	30									560	16 800.00		
洗衣粉	kg	5									26	130.00		
废纸	t	1 400									0.5	700.00		
合计														

主管：　　审核：　　制表：

2. 生产车间和有关科室耗用燃料汇总见图表 5-4。

图表 5-4

车间、部门领用燃料汇总表（三）

2018年12月31日　　单位：元

材料名称	单位	单价	制浆车间		供应科		厂办		设备科		合计	
			数量	金额	数量	金额	数量	金额	数量	金额		
原煤	t	615	140	86 100.00								
汽油	kg	3.5			200	700.00	450	1 575.00	70	245.00		
合计	——	——										

主管：　　审核：　　制表：

3. 各生产车间包装产品领用包装材料汇总见图表 5-5。

图表 5-5

生产车间领用包装材料汇总表（四）

2018年12月31日　　单位：元

材料名称	单位	单价	造纸一车间（包装纸）		造纸二车间（打印纸）		合计	
			数量	金额	数量	金额	数量	金额
夹纸板	付	7.5	1 100	8 250.00	350	2 625.00		
铁丝	kg	5.5	1 000	5 500.00	220	1 210.00		
编织袋	个	2.5	550	1 375.00	50	125.00		
塑料袋	个	0.05			510 000	25 500.00		
其他	—	—	—	720.00	—	350.00		
合计	—	—						

主管：　　审核：　　制表：

4. 车间、部门一般消耗材料、设备日常维修消耗材料及领用低值易耗品汇总见图表 5-6。

图表 5-6

车间、部门领用材料汇总表（五）

2018年12月31日　　单位：元

领用部门		材料		低值易耗品（一次摊销法）		合计
		机物料	修理用料	一般工具	劳保用品	
生产车间	制浆	2 740.00	1 205.00	3 405.00	895.00	
	制一	1 300.00	1 180.00	1 225.00	975.00	
	制二	435.00	370.00	645.00	290.00	
	小计					
厂部管理部门		9 155.00	748.00	445.00	1 810.00	
合计						

主管：　　审核：　　制表：

5. 月末，根据本月水费表，分配本月的水费（尚未支付），见图表 5-7。

图表 5-7

水费分配表

2018 年 12 月 31 日

部门	用水量（立方米）	单价（元/立方米）	金额（元）
制浆车间	6 000	3.60	
制纸一车间	2 000	3.60	
制纸二车间	5 000	3.60	
车间一般消耗	1 000	3.60	
行政管理部门	1 200	3.60	
销售部门	800	3.60	
合计			

6. 月末，根据本月电费表，分配本月的电费（尚未支付），见图表 5-8。

图表 5-8

电费分配表

2018 年 12 月 31 日

部门	用电量(度)	单价（元/度）	金额（元）
制浆车间	7 000	1.20	
制纸一车间	3 000	1.20	
制纸二车间	6 000	1.20	
车间一般消耗	1 800	1.20	
行政管理部门	2 600	1.20	
销售部门	700	1.20	
合计			

7. 月末，根据本月各项材料费用汇总表，分配本月间接材料费用，图表 5-9、图表 5-10 和图表 5-11。

图表 5-9

间接材料费用分配表

车间：　　　　　　　　　　　　　　　年　　月

材料名称：

产品名称	分配标准（产品产量）	分配率	分配金额
合计			

主管：　　　　　　　　　　审核：　　　　　　　　　　制表：

图表 5-10

间接材料费用分配表

车间：　　　　　　　　　　　　　　　　年　　月

材料名称：

产品名称	分配标准（产品产量）	分配率	分配金额
合计			

主管：　　　　　　　　　　　　审核：　　　　　　　　　　　　制表：

图表 5-11

间接材料费用分配表

车间：　　　　　　　　　　　　　　　　年　　月

材料名称：

产品名称	分配标准（产品产量）	分配率	分配金额
合计			

主管：　　　　　　　　　　　　审核：　　　　　　　　　　　　制表：

【实训准备】

1. 将学生分成 6 人一组，一人担任组长。
2. 发放领料单、领用材料汇总表、间接材料费用分配表、记账凭证等实训材料。
3. 胶棒、签字笔、计算器等实习用品。

【实训点评】

学生实训中应注意的事项：

1. 间接材料费用分配率的计算方法。
2. 各产品应当分担的费用。

任务二　人工费用的归集与分配

【实训目的】

1. 掌握计时工资的计算方法。
2. 掌握工资结算表的编制方法。
3. 根据工资结算汇总表编制工资分配、结转代扣款的记账凭证。
4. 编制计提职工福利费计算表并据以编制记账凭证。
5. 初步理解“五险一金”的核算方法，并编制记账凭证。

【实训要求】

1. 认真分析人工费用的构成，做到内容完整，不漏、不重。
2. 准确计算计时工资，做到计算准确、内容完整。
3. 及时编制工资结算表，做到分类准确、计算正确。
4. 根据工资结算表，编制相关转账凭证，做到项目齐全、书写规范、手续完备等。
5. 登记“应付职工薪酬明细账”，做到书写规范、记录正确。

【实训步骤】

1. 沿用任务一开设的生产成本多栏式明细账、制造费用明细账。
2. 根据【业务描述及所附原始凭证】中的经济业务，计算汇总、分配各项工资费用。
3. 填制通用记账凭证并审核。
4. 登记生产成本、制造费用明细账。

一、该公司2018年12月份发生的工资费用情况

1. 计时工资的计算。

滨海市东方公司按月工资制计算计时工资，日工资率按20.92天计算。该公司规定，病假扣发本人标准工资的20%，休息日加班按200%计算加班工资。

2018年12月，第一生产车间工人杨明有关工资结算资料见图表5-12、图表5-13。

要求：（1）根据图表5-12计算职工杨明的日工资率。

（2）根据图表5-13及其他相关资料计算职工杨明12月份的应付工资和实发工资。

图表 5-12

职工工资卡

2018年12月

职工姓名	杨明	工号	09	性别	男	连续工龄	12
所属部门、职务及工资、津贴标准							
日期	部门（车间）	职务	级别	工资(元)	岗位津贴	备注	
2018年12月	生产车间	操作工人	二级	1 260	375		

图表 5-13

考勤记录

2018年12月

日期	职工姓名	出勤天数	病假天数	事假天数	休息日加班天数
2018年12月	杨明	19	2	1	2

注：双休日正常休息 6 天，加班 2 天。

2. 工资结算表。

滨海市东方公司 2018 年 12 月份工资结算汇总表见图表 5-14。

要求：（1）计算完成工资结算汇总表，并进行工资结算和结转代扣款项的账务处理，见图表 5-14、图表 5-15。

（2）按照有关规定，缴纳本月医疗保险费、养老保险费、失业保险费、工伤保险、生育保险和住房公积金，并分别支付给本市社会经办机构和住房公积金管理机构，见图表 5-16、图表 5-17。

图表 5-14

工资结算汇总表

2018年12月

车间或部门	基本工资	加班工资	奖金	津贴	应付工资	代扣款项（个人负担部分）			病事假扣款			实发工资
						住房公积金	社会保险	小计	病假工资	事假工资	小计	
一车间生产工人	28 500	8 400	2 200	1 800					542	885		
一车间管理人员	7 700	1 360	550	350					—	120		
二车间生产工人	19 200	4 300	1 700	2 400					328	—		
二车间管理人员	5 450	680	600	400					85	—		
制浆车间生产工人	26 800	7 200	1 950	1 600					450	675		
制浆车间管理人员	7 500	1 050	450	280					120	—		
企业管理人员	9 380	1 570	2 000	1 500					476	143		
销售部门人员	12 270	8 535	3 300	730					—	662		
合　计												

注：根据有关规定，公司分别按照应付工资的 12%、36.74%计提并缴纳住房公积金和社会保险费（含养老保险、医疗保险、失业保险、工伤保险和生育保险），其中个人负担部分分别为该项计提额的 6%和 10.3%。

图表 5-15

“五险一金”计算表

2018 年 12 月

社保类型	单位比例	个人比例	单位负担额	个人负担额	小计
养老保险	18%	8%			
医疗保险	7%	2%			
失业保险	0.7%	0.3%			
工伤保险	0.24%				
生育保险	0.5%				
住房公积金	6%	6%			
合　计	32.44%	16.3%			

图表 5-16

中国工商银行电子缴款付款凭证

转账日期 2018 年 12 月 30 日　　　　凭证字号：70321852

付款人名称：	滨海市东方公司		
付款人账号：	1613214266765222001	新账号	00000271360038131
协　议　号：	10008906	机构号	02312
扣款金额：	（RMB）¥		
交易编号：	2018123015240003	扣账日期：	20181230
收款人账号：	80010875632807312		
收款人名称：	滨海市社会保险基金管理中心（总户）		
附　　言：			
备　　注：			
授　　权：		复核：	经办：
银行签章：			

中国工商银行滨海市分行 2018.12.30 转讫

图表 5-17

滨海市社会保险基金专用收据

2018 年 12 月 30 日

单位名称：滨海市东方公司　　　　　　　　　　　　　　　　　　　　单位代码：01878

当月社会保险明细 养老：　　医疗： 工伤：　　生育：　　失业：				
补（预）缴社会保险费明细				
付款人账号/现金/支票/POS:	1613214266765222001		票据打印时间	2018-12-30
社保流水	2018123054321	银行流水	2018123066	5420012
金额	人民币（小写）	¥		
	人民币（大写）			

收款单位（盖章）：　　　　　　　　　　　　　　　　　　　　收款人：

3. 2018 年 12 月 10 日，滨海市东方公司以现金为部分职工发放生活困难补助费 8 000 元。其中，车间生产工人 5 人，每人 1 000 元，车间管理人员 3 人，每人 1 000 元，见图表 5-18。

要求：根据相关原始凭证进行业务处理，并编制记账凭证。

图表 5-18

领　款　单

2018 年 12 月 10 日

领款日期：	付款方式	■现金 □汇款							
领款项目	领 款 事 由	十	万	千	百	十	元	角	分
	生活困难补助			1	0	0	0	0	0
领款金额（大写）⊗零⊗万壹仟元整			¥	1	0	0	0	0	0
核　准	复　核	领　款　人							
		杨明							

注：该领款单共计 8 份，每位领取生活困难补助的职工各填写一份。

4. 2018 年 12 月 12 日，滨海市东方公司为了鼓励公司职工，决定外购一批笔记本电脑作为福利发放给职工，外购的电脑不含税价格每台 3 200 元，增值税税率 16%。2018 年 12 月 20 日，电脑全部发放给职工。该公司有员工 60 名，其中，车间生产工人 40 名，车间管理人员 9 名，销售部门人员 6 名，行政管理部门的管理人员 5 名，见图表 5-19。

要求：根据原始凭证进行业务处理，并编制记账凭证。

图表 5-19

山东省增值税专用发票

发　票　联

№03286620

开票日期：2018 年 12 月 12 日

购买方	名　　称：滨海市东方公司 纳税人识别号：9137160056374 50C47 地址、电话：山东省滨海市长江一路 11 号 0543-2708456 开户行及账号：中国工商银行胜利路分理处 1613214266765222001	密码区	略

货物或应税劳务、服务名称	规格型号	单位	数量	单价	金额	税率	税额
电脑	联想	台	60	3 200	192 000.00	16%	30 720.00
合　　计					¥192 000.00		¥30 720.00
价税合计（大写）	⊗贰拾贰万贰仟柒佰贰拾元整				（小写）¥222 720.00		

销售方	名　　称：山东济南飞科科技有限公司 纳税人识别号：330101007969376 1C2 地址、电话：山东省济南市高新区 0531-88330308 开户行及账号：中国银行济南支行高新分理处 260868235006	备注	山东济南飞科科技有限公司 341276802364237 1C2 发票专用章

收款人：　　复核　　开票人：赵云　　销售方（章）

第三联　发票联　购买方记账凭证

【实训准备】

1. 将学生分成 6 人一组，一人担任组长。
2. 职工工资卡、工资结算汇总表、福利费用分配汇总表、五险一金计算表和记账凭证等实训材料。
3. 胶棒、签字笔、计算器等实习用品。

【实训点评】

学生实训中应注意的事项：

1. 月工资制下计时工资的计算。
2. “五险一金”的账务处理。

任务三 制造费用的归集与分配

【实训目的】

1. 熟悉制造费用归集的内容。
2. 掌握制造费用分配的方法。
3. 正确编制记账凭证。
4. 能规范登记制造费用明细账。

【实训要求】

1. 认真分析制造费用的构成，做到内容完整，不漏、不重。
2. 准确计算并分配制造费用，做到计算准确、分配恰当。
3. 及时编制制造费用分配表，做到分类准确、计算正确。
4. 根据制造费用分配表，编制相关转账凭证，做到项目齐全、书写规范、手续完备等。
5. 登记“制造费用明细账”，做到书写规范、记录正确。

【实训步骤】

1. 沿用任务二开设的生产成本多栏式明细账、制造费用明细账。
2. 根据【业务描述及所附原始凭证】中的经济业务，填制通用记账凭证并审核。
3. 根据审核无误的记账凭证登记生产成本、制造费用明细账。
4. 计算分配制造费用，填制记账凭证，并登记生产成本、制造费用明细账。

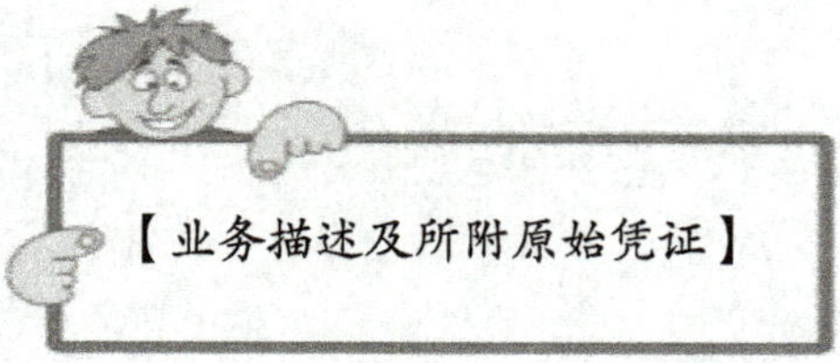

一、该公司 2018 年 12 月份制造费用发生情况

1. 12 月 21 日，一车间报销办公用品费 900 元，取得原始凭证，见图表 5-20。
要求：根据原始凭证做相应账务处理。

图表 5-20

山东省增值税普通发票

山东 发票联

№03286620

开票日期：2018 年 12 月 21 日

购买方	名　　　称：滨海市东方公司 纳税人识别号：913716005637450C47 地　址、电　话：山东省滨海市长江一路 11 号 0543-2708456 开户行及账号：中国工商银行胜利路分理处 1613214266765222001	密码区	略

货物或应税劳务、服务名称	规格型号	单位	数量	单价	金额	税率	税额
办公用品					775.86	16%	124.14
合　　计					¥775.86		¥124.14
价税合计（大写）	⊗玖佰元整				（小写）¥900.00		

销售方	名　　　称：滨海市新世纪百货商场 纳税人识别号：33010100426762 4F73 地　址、电　话：山东省滨海市高新区 0543-8167067 开户行及账号：中国银行黄河路分理处 260564265702	备注	滨海市新世纪百货商场 21547601946 53271F3 发票专用章

第三联 发票联 购买方记账凭证

收款人：　　　　复核　　　　开票人：张文娟　　　　销售方（章）

2. 本月末，计提本月固定资产折旧。东方公司固定资产采用平均年限法计提折旧，见图表 5-21。

要求：计算 12 月份应提固定资产折旧并进行相应账务处理。

图表 5-21

固定资产折旧计算表

2018 年 12 月 31 日　　　　单位：元

车间或部门	固定资产原值	月折旧率（3%）	月折旧额
一车间			
其中：房屋建筑物	8 000 000	0.3	24 000
机器设备	750 000	0.8	6 000
二车间			
其中：房屋建筑物	8 500 000	0.3	25 500
机器设备	900 000	0.8	7 200
制浆车间			
其中：房屋建筑物	7 500 000	0.3	22 500
机器设备	820 000	0.8	6 560
企业管理部门			
其中：房屋建筑物	700 000	0.3	2 100
办公设备	200 000	0.5	1 000
销售部门			
其中：房屋建筑物	100 000	0.3	300
办公设备	50 000	0.5	250
合　　计	27 520 000	—	95 410

3. 根据任务一、任务二及任务三中发生的经济业务的记账凭证，登记“制造费用”明细账，以产品产量为分配标准计算制造费用分配率，在各个产品之间分配制造费用并编制记账凭证，见图表 5-22、图表 5-23 和图表 5-24。

要求：登记制造费用明细账，以产品产量为分配标准分配制造费用并做相应账务处理。

图表 5-22

制造费用明细账

户名：制浆车间　　　　2018 年 12 月 31 日　　　　单位：元

年		凭证字号	摘要	借方						贷方	余额
月	日			材料消耗	水电费	折旧费	职工薪酬	办公费	其他费用		

图表 5-23

制造费用明细账

户名：一生产车间　　　　2018 年 12 月 31 日　　　　单位：元

年		凭证字号	摘要	借方						贷方	余额
月	日			材料消耗	水电费	折旧费	职工薪酬	办公费	其他费用		

图表 5-24

制造费用明细账

户名：二生产车间　　　　2018年12月31日　　　　单位：元

年		凭证字号	摘要	借方						贷方	余额
月	日			材料消耗	水电费	折旧费	职工薪酬	办公费	其他费用		

【实训准备】

1. 将学生分成 6 人一组，一人担任组长。
2. 固定资产折旧计算表、固定资产折旧分配表及制造费用明细账等实训材料。
3. 胶棒、签字笔、计算器等实习用品。

【实训点评】

学生实训中应注意的事项：

1. 以产品产量为分配标准计算制造费用分配率并分别计算各产品应分担的制造费用。
2. 按要求逐笔登记制造费用明细账。

任务四　完工产品成本的归集与分配

【实训目的】

1. 能运用品种法计算月末完工产品总成本和单位成本。
2. 能运用约当产量法计算月末在产品总成本和单位成本。
3. 正确编制记账凭证。
4. 能规范登记制造费用明细账。

【实训要求】

1. 正确分析完工产品成本和月末在产品成本，做到内容完整，不漏、不重。
2. 准确计算并分配完工产品成本和月末在产品成本，做到计算准确、分配恰当。
3. 及时编制完工产品成本计算表，做到分类准确、计算正确。
4. 根据完工产品成本计算表，编制相关转账凭证，做到项目齐全、书写规范、手续完备等。
5. 及时登记“制造费用明细账”，做到书写规范，记录正确。

【实训步骤】

1. 沿用任务一至任务三开设的生产成本多栏式明细账、制造费用明细账。
2. 计算并填写“完工产品与月末在产品成本分配表”。
3. 填制通用记账凭证并审核。
4. 根据审核无误的记账凭证，登记生产成本、制造费用明细账，并进行结账。

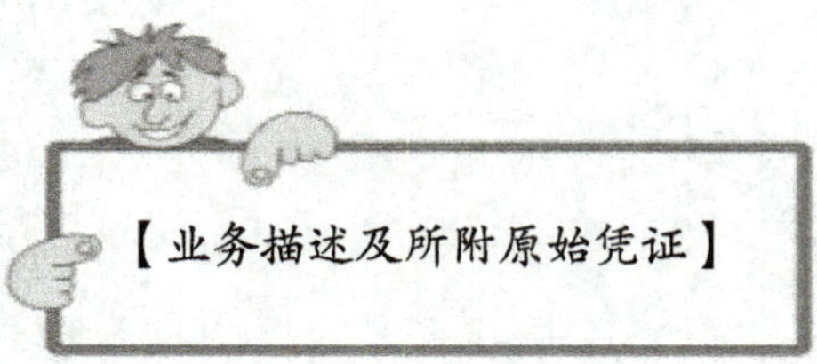

该公司 2018 年 12 月份产品生产完工情况

东方公司为增值税一般纳税人，主要生产打印纸、包装纸和新闻纸等各种产品。在产品成本按约当产量法计算，完工产品成本采用品种法计算。

造纸一车间本月完工产品产量为打印纸 180 吨，新闻纸 15 吨。

造纸二车间月初有在产品（包装纸）35 吨，在产品成本为 4 218 元，即：“生产成本——包装纸”期初余额为 4 218 元。其中，直接材料费用 2 588.66 元，直接人工费用 680.73 元，其他直接费用 492.34 元，制造费用 456.27 元；造纸二车间无期初在产品。

要求：

（1）计算本月完工产品成本，见图表 5-25、图表 5-26 和图表 5-27。

本月包装纸 160 吨全部完工（期初在产品 35 吨，本月投产 125 吨），打印纸本月投产 180 吨，完工 100 吨，在产品 80 吨，在产品的完工程度按 50%计算。

（2）根据任务一至任务三中发生的经济业务的相关原始凭证及记账凭证登记多栏式生产成本明细账，见图表 5-28、图表 5-29。

图表 5-25

完工产品与月末在产品成本分配表

产品名称：包装纸　　2018 年 12 月 31 日　　完工产品产量：160 吨

成本项目	月初在产品成本	本月生产费用	合计	单位成本	月末在产品成本	完工产品成本
直接材料						
直接人工						
其他直接费用						
制造费用						
合　计						

会计主管：　　审核：　　制单：

图表 5-26

完工产品与月末在产品成本分配表

产品名称：打印纸　　2018 年 12 月 31 日　　完工产品产量：100 吨

成本项目	月初在产品成本	本月生产费用	合计	单位成本	月末在产品成本	完工产品成本
直接材料						
直接人工						
其他直接费用						
制造费用						
合　计						

会计主管：　　审核：　　制单：

图表 5-27

产 品 入 库 单

2018 年 12 月 31 日　　单位：元

产品名称	计量单位	数量	单位成本	金额
包装纸				
打印纸				
合　计				
备 注：				

会计主管：　　审核：　　制单：

图表 5-28

生产成本明细账

产品：包装纸

年		凭证字号	摘　要	借　方				贷方	余额
月	日			直接材料	直接人工	其他直接费用	制造费用		

会计主管：　　审核：　　制单：

图表 5-29

生产成本明细账

产品：打印纸

年		凭证字号	摘　要	借　方				贷方	余额
月	日			直接材料	直接人工	其他直接费用	制造费用		

会计主管：　　审核：　　制单：

【实训准备】

1. 将学生分成 6 人一组，一人担任组长。
2. 发放产品入库单、生产成本明细账及完工产品与月末在产品成本分配表等实训材料。
3. 胶棒、签字笔、计算器等实习用品。

【实训点评】

学生实训中应注意的事项：

1. 在产品成本按约当产量法计算。
2. 完工产品成本采用品种法计算。

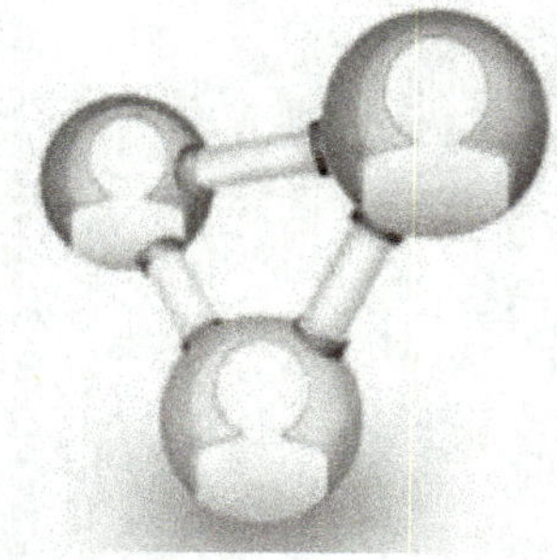

【知识链接】

成本会计岗位职责

1. 在财务主管的领导下，按照国家财经法规、企业财会制度、成本管理、核算管理及有关规定，拟订公司各项成本核算实施细则，报上级批准后执行。

2. 主动会同有关人员对企业项目工程进行成本预算、编制项目工程成本计划，提供有关成本资料。

3. 公司实行全面成本核算管理和内部银行等制度，协助有关主管制定总体方案和实施办法，确定各类成本定额、标准，并协助各部门和下属部门推广培训。

4. 不断监督、调查各部门执行成本计划情况，出现问题及时上报。

5. 学习掌握先进的成本管理和成本核算方法及计算机操作，提出降低成本的控制措施和建议。组织项目财务对项目工程成本进行控制，建立财务成本控制体系，对项目工程的原材料、设备租赁、周转材料、人工等费用与工程部共同讨论以挖掘降低成本的潜力和控制，保证项目工程生产经营目标及利润目标的实现。

6. 做好相关成本资料的整理、归档和数据库的建立、查询、更新工作。

7. 根据会计制度规定，设置科目明细账和使用对应的账簿，认真、准确地登录各类明细账，要求做到账目清楚、数字正确、登记及时、账证相符，发现问题及时更正。

8. 及时了解、审核原材料、设备、产品的进场情况，并建立明细账和明细核算，了解项目工程合同履约情况，催促经办的材料员及时办理结算和出入库材料手续，进行应收应付款项的清算。

9. 依照税法规定做好印花税贴花工作及相关的缴纳记录。

10. 负责固定资产的会计明细核算工作，建立固定资产辅助明细账，及时办理记账登记手续。

11. 负责公司的各项债权、债务的清理结算工作。

12. 正确进行会计核算计算机的处理，提高会计核算工作的速度和准确性。

13. 协助主办会计等做好会计原始凭证、账册、报表等会计档案的管理、归档工作，对职业范围内的问题提出工作建议。

14. 对原始凭证应分别按会计科目、记账凭证的顺序，分目装订成册，另加封面，详记起讫日期、会计科目种类、起讫号码等。记账凭证应按月编号，并按期装订成册，另加封面，详记日期、起讫号码、记账凭证张数。

15. 负责“应交税费”“应付职工薪酬”等科目及账户的管理与核算。

16. 负责涉税报表的填制和申报，以及普通发票的领购、保管和发放。

17. 负责公司员工工资和奖金的核算、管理、计算、编制。

项目六

收入利润会计岗位模拟实训

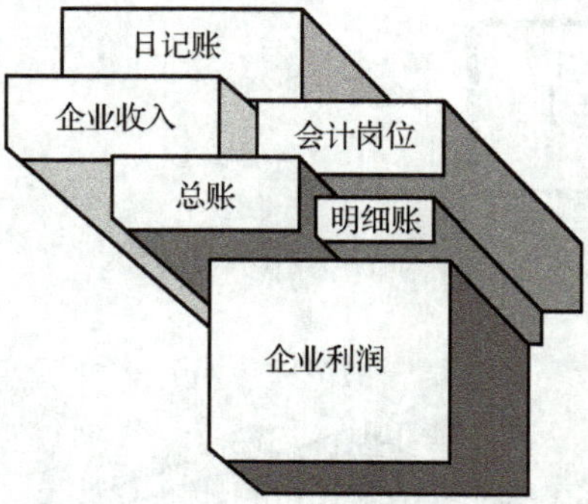

任务一　销售收入业务模拟实训

【实训目的】

1. 能正确、及时地计量和确认企业各项业务收入。
2. 能够正确开具增值税专用发票及普通发票。
3. 能正确根据发货票和发票等相关原始凭证填制记账凭证。
4. 掌握日记账、总账及多栏式明细账的设置与登记。

【实训要求】

1. 认真审核销售过程中开出及收到的相关原始凭证，审核其是否真实可靠、书写清楚、内容完整等。

2. 按实际成本计价方法计算发出产品的成本，做到产品成本计算准确。

3. 根据原始凭证填制记账凭证，做到项目齐全、内容正确、填制及时等。

4. 登记产品明细账，做到逐笔登记、书写规范、记录准确。

5. 登记银行存款日记账，主营业务收入及主营业务成本等账户总分类账及其明细账，做到总账与明细账平行登记，并试算平衡。

【实训步骤】

1. 开设银行存款日记账、应收账款明细账、主营业务收入明细账、主营业务成本明细账，按经济业务涉及的会计科目开设总分类账户。

2. 根据【业务描述及所附原始凭证】中的经济业务，填制通用记账凭证并审核。

3. 根据审核无误的会计凭证逐笔登记有关日记账和明细账。

4. 根据记账凭证登记总账。

【业务描述及所附原始凭证】

一、模拟企业概况

滨海市东方公司是一家集服装设计、研发、生产、加工、销售于一体的小型企业，主要从事各类工作服、休闲服装的生产、加工及销售业务，其生产用原料主要有棉线、涤棉及TR等。该公司坐落在滨海市长江一路11号，电话0543-2708456。该公司为增值税一般纳税人，增值税税率为16%，城市维护建设税税率为7%；教育费附加征收率为3%，地方教育费附加征收率为2%，水利建设基金征收率为0.5%。公司税务识别号（统一社会信用代码）为913716005637450C4F。该公司在滨海市中国工商银行胜利路分理处开立基本存款账户，账号为1613214266765222001。企业法人代表张新华，会计主管林青，出纳员王丽，会计李平。

该公司2018年12月月初有关账户余额资料如下：

库存现金　　5 600.00元（借）

银行存款　　120 380.00元（借）

应收账款——新世纪超市　　23 400.00元（借）

　　　　——红太阳粗布家纺　35 100.00元（借）

应付账款——山东红太阳家纺公司　　14 040.00元（贷）

库存商品——工作服　（数量1 200套）72 000.00元（借）

　　　　——休闲服　（数量2 000套）160 000.00元（借）

二、该公司2018年12月份发生的有关销售业务

1. 5日，赊销工作服100套，见图表6-1。

图表 6-1

山东省增值税专用发票

记 账 联

№ 03306626

开票日期：2018 年 12 月 05 日

购买方		密码区
名　　称	：山东滨海市新世纪超市	略
纳税人识别号	：320106527969421276	
地址、电话	：山东省滨海市高新区 0543-8334212	
开户行及账号	：中国银行滨海分理处 260508231236	

货物或应税劳务、服务名称	规格型号	单位	数量	单价	金额	税率	税额
工作服	160	套	20	100.00	2 000.00	16%	320.00
	165		20		2 000.00		320.00
	170		20		2 000.00		320.00
	175		20		2 000.00		320.00
	180		20		2 000.00		320.00
合　计					¥10 000.00		¥1 600.00
价税合计（大写）	⊗壹万壹仟陆佰元整				（小写）¥11 600.00		

销售方		备注
名　　称	：滨海市东方公司	滨海市东方公司 91371600563745OC4F 发票专用章
纳税人识别号	：913716005637450C4F	
地址、电话	：山东省滨海市长江一路 11 号 0543-2708456	
开户行及账号	：中国工商银行胜利路分理处 1613214266765222001	

收款人：王丽　　复核：林青　　开票人：张爱云　　销售方（章）

第一联 记账联 销售方记账凭证

2. 11 日，销售休闲服装 120 套，见图表 6-2、图表 6-3。

图表 6-2

山东省增值税专用发票

记 账 联

№ 03306627

开票日期：2018 年 12 月 11 日

购买方		密码区
名　　称	：山东滨海红太阳粗布家纺	略
纳税人识别号	：33010100784652l4C2	
地址、电话	：山东省滨海市高新区 0543-8945333	
开户行及账号	：中国银行滨海分理处 260561235002	

货物或应税劳务、服务名称	规格型号	单位	数量	单价	金额	税率	税额
休闲服	160	套	20	150.00	3 000.00	16%	480.00
	165		20		3 000.00		480.00
	170		20		3 000.00		480.00
	175		20		3 000.00		480.00
	180		20		3 000.00		480.00
	185		20		3 000.00		480.00
合　计					¥18 000.00		¥2 880.00
价税合计（大写）	⊗贰万零捌佰捌拾元整				（小写）¥20 880.00		

销售方		备注
名　　称	：滨海市东方公司	滨海市东方公司 91371600563745OC4F 发票专用章
纳税人识别号	：913716005637450C4F	
地址、电话	：山东省滨海市长江一路 11 号 0543-2708456	
开户行及账号	：中国工商银行胜利路分理处 1613214266765222001	

收款人：王丽　　复核：林青　　开票人：张爱云　　销售方（章）

第一联 记账联 销售方记账凭证

图表 6-3

中国工商银行进账单（收账通知）

2018 年 12 月 11 日　　　　第 18 号

出票人	全称	山东滨海红太阳粗布家纺	收款人	全称	滨海市东方公司
	账号	260561235002		账号	1613214266765222001
	开户银行	中国银行滨海分理处		开户银行	中国工商银行胜利路分理处

人民币（大写）	千	百	十	万	千	百	十	元	角	分
贰万零捌佰捌拾元整			¥	2	0	8	8	0	0	0

票据种类	转账支票	中国工商银行滨海市分行胜利路分理处 2018.12.11 业务受理章
票据张数	1	
单位主管　会计　复核　记账		收款人开户行盖章

3. 16 日，销售休闲服一批，见图表 6-4、图表 6-5。

图表 6-4

山东省增值税专用发票

记　账　联

№ 03306628

开票日期：2018 年 12 月 16 日

购买方	名　　称：山东滨海红太阳粗布家纺 纳税人识别号：3301010078465214C2 地 址、电 话：山东省滨海市高新区 0543-8945333 开户行及账号：中国银行滨海分理处 260561235002	密码区：略

货物或应税劳务、服务名称	规格型号	单位	数量	单价	金额	税率	税额
休闲服	165	套	200	140.00	28 000.00	16%	4 480.00
	170		300		42 000.00		6 720.00
	175		300		42 000.00		6 720.00
	180		200		28 000.00		4 480.00
合　　计					¥140 000.00		¥22 400.00
价税合计（大写）	⊗壹拾陆万贰仟肆佰元整				（小写）¥162 400.00		

销售方	名　　称：滨海市东方公司 纳税人识别号：913716005637450C4F 地 址、电 话：山东省滨海市长江一路 11 号 0543-2708456 开户行及账号：中国工商银行胜利路分理处 1613214266765222001	备注：滨海市东方公司 913716005637450C4F 发票专用章

收款人：王丽　　复核：林青　　开票人：张爱云　　销售方（章）

第一联：记账联　销售方记账凭证

图表 6-5

商业承兑汇票（卡　片）

出票日期（大写）　贰零壹捌年壹拾贰月壹拾陆日　　　汇票号码：223541

付款人	全　称	山东滨海红太阳粗布家纺	收款人	全　称	滨海市东方公司
	账　号	260561235002		账　号	1613214266765222001
	开户银行	中国银行滨海分理处		开户银行	中国工商银行胜利路分理处

出票金额	人民币（大写）	亿	千	百	十	万	千	百	十	元	角	分
	壹拾陆万贰仟肆佰元整			¥	1	6	2	4	0	0	0	0

汇票到期日（大写）	贰零壹玖年零贰月壹拾陆日	付款人开户行	行号	123458
交易合同号码			地址	山东省滨海市黄河五路161号
出票人签章：		备注：		

此联承兑人留存

4. 18日，销售工作服200套，见图表6-6、图表6-7。

图表 6-6

山东省增值税专用发票

记　账　联

№ 03286624

开票日期：2018 年 11 月 18 日

购买方	名　　称：山东滨海市兴海超市 纳税人识别号：3302340072614881C3 地 址、电 话：山东省滨海市东城区 0543-8336412 开户行及账号：中国银行滨海支行东城区分理处 260563423631	密码区	略

货物或应税劳务、服务名称	规格型号	单位	数量	单价	金额	税率	税额
工作服	160	套	30	160.00	4 800.00	16%	768.00
	165		60		9 600.00		1 536.00
	170		50		8 000.00		1 280.00
	175		30		4 800.00		768.00
	180		30		4 800.00		768.00
合　　计					¥32 000.00		¥5 120.00
价税合计（大写）	⊗叁万柒仟壹佰贰拾元整				（小写）¥37 120.00		

销售方	名　　称：滨海市东方公司 纳税人识别号：913716005637450C4F 地 址 、电 话：山东省滨海市长江一路11号 0543-2708456 开户行及账号：中国工商银行胜利路分理处 1613214266765222001	备注	滨海市东方公司 913716005637450C4F 发票专用章

第一联：记账联　销售方记账凭证

收款人：王丽　　　复核：林青　　　开票人：张爱云　　　销售方（章）

图表 6-7

中国工商银行进账单（收账通知）

2018年11月18日　　　　　　　　　　　　　　　　第25号

出票人	全称	山东滨海市兴海超市		收款人	全称	滨海市东方公司									
	账号	260563423631			账号	1613214266765222001									
	开户银行	中国银行滨海支行东城区分理处			开户银行	中国工商银行胜利路分理处									
人民币（大写）叁万柒仟壹佰贰拾元整				千	百	十	万	千	百	十	元	角	分		
						¥	3	7	1	2	0	0	0		
票据种类		转账支票		中国工商银行滨海市分行 胜利路分理处 2018.11.18 业务受理章 收款人开户行盖章											

5. 22日，收到5日赊销工作服的货款，见图表6-8。

图表 6-8

托收凭证（收账通知）　　4

收款期限 2018年12月22日

委托日期 2018年 12 月 05 日

业务类型	委托收款（☑ 邮划、☐电划）　　托收承付（☐ 邮划、☐ 电划）														
付款人	全　称	山东滨海市新世纪超市			收款人	全　称	滨海市东方公司								
	账　号	260508231236				账　号	1613214266765222001								
	地　址	滨海市	开户行	中国银行滨海分理处		地　址	滨海市	开户行	中国工商银行胜利路分理处						
金额	人民币（大写）壹万壹仟陆佰元整				亿	千	百	十	万	千	百	十	元	角	分
								¥	1	1	6	0	0	0	0
款项内容	销货款	托收凭据名　称	增值税专用发票		附寄单证张数	1									
商品发运情况			合同名称号码												
备注： 复核　　记账	款项收妥日期 2018年12月22日		收款人开户银行签章 2018年12月22日												

此联付款人开户行凭以汇款或收款人开户银行作收账通知

6. 26 日，以本公司工作服抵付前欠山东省红太阳家纺公司货款，见图表 6-9、图表 6-10。

图表 6-9

山东省增值税专用发票

记 账 联

№ 03286625

开票日期：2018 年 12 月 26 日

购买方	名　　称：山东红太阳家纺公司 纳税人识别号：387145621361251273 地 址 、电 话：山东省滨海市高新区 0543-8945333 开户行及账号：中国银行滨海分理处 260561235002	密码区	略

货物或应税劳务、服务名称	规格型号	单位	数量	单价	金额	税率	税额
工作服	160	套	20	120.00	2 400.00	16%	384.00
	165		20		2 400.00		384.00
	170		20		2 400.00		384.00
	175		20		2 400.00		384.00
	180		20		2 400.00		384.00
合　计					¥12 000.00		¥1 920.00

价税合计（大写）	⊗壹万叁仟玖佰贰拾元整　　（小写）¥13 920.00

销售方	名　　称：滨海市东方公司 纳税人识别号：913716005637450C4F 地 址 、电 话：山东省滨海市长江一路 11 号 0543-2708456 开户行及账号：中国工商银行胜利路分理处 1613214266765222001	备注	

收款人：王丽　　复核：林青　　开票人：张爱云　　销售方（章）

第一联 记账联 销售方记账凭证

图表 6-10

协议书

甲方：滨海市东方公司

乙方：山东红太阳家纺公司

经双方协商，甲方用下述商品抵给乙方，乙方同意，并定协议如下：

一、甲方用 160、165、170、175、180 号工作服各 20 套，每套 120 元，共计 12 000 元，抵给乙方，乙方同意。

二、工作服由乙方在甲方公司内自提，所需费用乙方承担。

三、工作服抵出后，双方债权债务两清，凭此协议各自核销账目。

四、协议一式四份，双方各执两份，盖章后有效。

甲方：　　　　乙方：

2018 年 12 月 26 日

7. 26日，支付销售商品广告费，见图表6-11、图表6-12。

图表6-11

山东省增值税专用发票

发票联

№ 06383514

开票日期：2018年12月26日

购买方	名称：滨海市东方公司 纳税人识别号：913716005637450C47 地址、电话：山东省滨海市长江一路11号 0543-2708456 开户行及账号：中国工商银行胜利路分理处 1613214266765222001					密码区	略	
货物或应税劳务、服务名称	规格型号	单位	数量	单价	金额	税率	税额	
广告费			1	1000.00	1000.00	6%	60.00	
合计					¥1000.00		¥60.00	
价税合计（大写）	⊗壹仟零陆拾元整				（小写）¥1060.00			
销售方	名称：滨海市创意传媒公司 纳税人识别号：320103001110066176 地址、电话：山东省滨海市渤海五路25号 0543-2309352 开户行及账号：中国银行渤海五路分理处 260566765336					备注	滨海市创意传媒公司 320103001110066 发票专用章	

第三联：发票联 购买方记账凭证

收款人：王平　复核：李丽　开票人：王庆　销售方（章）

图表6-12

中国工商银行
转账支票存根
10201120
58760563

科　目________

对方科目________

出票日期 2018年12月26日

收款人：滨海创意传媒公司
金额：¥1060.00
用途：支付广告费

单位主管：林青　会计：李平

8. 31日，结转本月已销工作服及休闲服的成本，见图表6-13。

图表6-13

东方公司销售产品成本计算表

2018年12月31日

单位：元

品名	计量单位	销售数量	销售成本	
			单位成本	总成本
工作服	套	400	60	24 000
休闲服	套	1 120	80	89 600
合计		—	—	113 600

记账：　　　　会计主管：林青　　　　制单：李平

【实训准备】

1. 记账凭证。
2. 银行存款日记账、总账、三栏式及数量金额式明细账账页。
3. 胶棒、红笔、计算器等实习用品。

【实训点评】

学生进一步掌握收入确认的条件及视同销售的情形。

销售商品同时满足下列条件的，才能予以确认：

1. 企业已将商品所有权上的主要风险和报酬转移给购货方。
2. 企业既没有保留通常与所有权相联系的继续管理权，也没有对已售出的商品实施控制。
3. 相关的经济利益很可能流入企业。
4. 收入的金额能够可靠计量。
5. 相关的已发生或将发生的成本能够可靠计量。

单位或个体经营者有下列行为之一的，视同销售货物：

1. 将货物交付其他单位或个人代销。

2. 销售代销货物。

3. 设有两个以上机构并实行统一核算的纳税人，将货物从一个机构移送其他机构用于销售，但机关机构设在同一县（市）的除外。

4. 将自产、委托加工的货物用于非增值税应税项目。

5. 将自产、委托加工的货物用于集体福利或个人消费。

6. 将自产、委托加工或购进的货物作为投资，提供给其他单位或个体工商户。

7. 将自产、委托加工或购进的货物分配给股东或投资者。

8. 将自产、委托加工或购进的货物无偿赠送其他单位或个人。

任务二　其他收入业务模拟实训

【实训目的】

1. 能够正确及时地计量和确认企业其他业务收入。

2. 能够正确开具增值税专用发票及普通发票。

3. 能够正确根据发货票和发票等相关原始凭证填制记账凭证。

4. 掌握日记账、总账及多栏式明细账的设置与登记。

【实训要求】

1. 认真审核销售材料过程中开出及收到的相关原始凭证，审核其是否真实可靠、书写清楚、内容完整等。

2. 正确计算已售材料的成本。

3. 根据原始凭证填制记账凭证，做到项目齐全、内容正确、填制及时等。

4. 登记材料明细账，做到逐笔登记、书写规范、记录准确。

5. 登记银行存款日记账，其他业务收入及其他业务成本等账户总分类账及其明细账，做到总账与明细账平行登记，并试算平衡。

【实训步骤】

1. 在任务一的基础上，新开设其他业务收入明细账、其他业务成本明细账，按经济业务涉及的会计科目开设其他总分类账户。

2. 根据【业务描述及所附原始凭证】中的经济业务，填制通用记账凭证并审核。

3. 根据审核无误的会计凭证逐笔登记有关日记账和明细账。

4. 根据记账凭证登记总账。

【业务描述及所附原始凭证】

一、该公司2018年12月月初有关账户余额资料

原材料——棉线 （数量2 000千克）60 000.00元（借）

——涤棉 （数量2 000千克）50 000.00元（借）

二、该公司2018年12月份发生的有关其他销售业务

1. 2日，销售涤棉一批，见图表6-14。

图表6-14

山东省增值税专用发票

记 账 联

№ 03286626

开票日期：2018年12月02日

购买方	名　　称：山东红太阳家纺公司 纳税人识别号：3871456213612514C6 地 址、电 话：山东省滨海市高新区 0543-8945333 开户行及账号：中国银行滨海分理处 260561235002					密码区	略	
货物或应税劳务、服务名称	规格型号	单位	数量	单价	金额	税率	税额	
棉线		千克	1 500	60.00	90 000.00	16%	14 400.00	
合　　计					¥90 000.00		¥14 400.00	
价税合计（大写）	⊗壹拾万零肆仟肆佰元整					（小写）¥104 400.00		
销售方	名　　称：滨海市东方公司 纳税人识别号：913716005637450C4F 地 址、电 话：山东省滨海市长江一路11号 0543-2708456 开户行及账号：中国工商银行胜利路分理处 1613214266765222001					备注	滨海市东方公司 913716005637450C4F 发票专用章	

第一联 记账联 销售方记账凭证

收款人：王丽　　复核：林青　　开票人：张爱云　　销售方（章）

2. 10日，出售给华力粗布厂材料一批，见图表6-15、图表6-16和图表6-17。

图表 6-15

山东省增值税专用发票

全国统一发票监制章 山东 国家税务总局监制

记 账 联

No 03286627

开票日期：2018 年 12 月 10 日

购买方	名　　称：山东滨海市华力粗布厂 纳税人识别号：426545621125632376 地 址、电 话：山东省滨海市东城区 0543-8154336 开户行及账号：中国工商银行滨海东城分理处 1613611200002352695	密码区	略

货物或应税劳务、服务名称	规格型号	单位	数量	单价	金额	税率	税额
涤棉		千克	500	40.00	20 000.00	16%	3 200.00
合　　计					¥20 000.00		¥3 200.00
价税合计（大写）	⊗贰万叁仟贰佰元整				（小写）¥23 200.00		

销售方	名　　称：滨海市东方公司 纳税人识别号：913716005637450C4F 地 址、电 话：山东省滨海市长江一路 11 号 0543-2708456 开户行及账号：中国工商银行胜利路分理处 1613214266765222001	备注	滨海市东方公司 913716005637450C4F 发票专用章

收款人：王丽　　复核：林青　　开票人：张爱云　　销售方（章）

第一联 记账联 销售方记账凭证

图表 6-16

山东省增值税专用发票

全国统一发票监制章 山东 国家税务总局监制

发 票 联

No 01454218

开票日期：2018 年 12 月 10 日

购买方	名　　称：滨海市东方公司 纳税人识别号：913716005637450C4F 地 址、电 话：山东省滨海市长江一路 11 号 0543-2708456 开户行及账号：中国工商银行胜利路分理处 1613214266765222001	密码区	略

货物或应税劳务、服务名称	规格型号	单位	数量	单价	金额	税率	税额
运费			1	500.00	500.00	10%	50.00
合　　计					¥500.00		¥50.00
价税合计（大写）	⊗伍佰伍拾元整				（小写）¥550.00		

销售方	名　　称：滨海市力佳物流公司 纳税人识别号：330503001111108273 地 址、电 话：山东省滨海市渤海十路 16 号 0543-2806543 开户行及账号：中国银行渤海五路分理处 260565336252	备注	滨海市力佳物流公司 330503001111108 发票专用章

收款人：王平　　复核：李丽　　开票人：王庆　　销售方（章）

第三联：发票联 购买方记账凭证

图表 6-17

中国工商银行
转账支票存根
10201120
58760582

科　　目 ______

对方科目 ______

出票日期 2018 年 12 月 10 日

收款人：滨海市力佳物流公司
金额：¥550.00
用途：付运费

单位主管 林青　　会计 李平

3．18 日，收回红太阳公司前欠货款，见图表 6-18。
要求：填写进账单，见图表 6-19。

图表 6-18

中国建设银行　转账支票　　10504225
02121234

付款期限自出票之日起十天

出票日期（大写）贰零壹捌年壹拾贰月壹拾捌日　　付款行名称：中国建设银行滨海支行高新分理处
收款人：滨海市东方公司　　出票人账号：36227000032564521236

人民币（大写）	千	百	十	万	千	百	十	元	角	分
壹拾万零肆仟肆佰元整		¥	1	0	4	4	0	0	0	0

用途：前欠货款　　密码 ______
上列款项请从　　行号 ______
我账户中支付
出票人签章　　复核　　记账

（印章：财务专用章；张琦印）

图表 6-19

中国工商银行进账单（回单）

年　月　日　　　　NO.236

<table>
<tr><td rowspan="3">收款人</td><td>全　称</td><td colspan="3"></td><td rowspan="3">付款人</td><td>全　称</td><td colspan="9"></td></tr>
<tr><td>账　号</td><td colspan="3"></td><td>账　号</td><td colspan="9"></td></tr>
<tr><td>开户银行</td><td colspan="3"></td><td>开户银行</td><td colspan="9"></td></tr>
<tr><td colspan="7" rowspan="2">人民币（大写）</td><td>百</td><td>十</td><td>万</td><td>千</td><td>百</td><td>十</td><td>元</td><td>角</td><td>分</td></tr>
<tr><td></td><td></td><td></td><td></td><td></td><td></td><td></td><td></td><td></td></tr>
<tr><td colspan="2">票据种类</td><td></td><td>票据张数</td><td colspan="3"></td><td colspan="9" rowspan="3">收款人开户银行盖章</td></tr>
<tr><td colspan="2">票据号码</td><td colspan="5"></td></tr>
<tr><td colspan="7">复核　　记账</td></tr>
</table>

4. 22 日，收回华力粗布厂前欠货款，见图表 6-20。

要求：填写进账单，见图表 6-21。

图表 6-20

中国工商银行　**转账支票**　　10504225　02121256

付款期限自出票之日起十天

出票日期（大写）贰零壹捌年壹拾贰月贰拾贰日　　付款行名称：中国工商银行滨海支行东城分理处

收款人：滨海市东方公司　　出票人账号：1613611200002352695

人民币（大写）	贰万叁仟柒佰伍拾元整	千	百	十	万	千	百	十	元	角	分
				¥	2	3	7	5	0	0	0

用途：前欠货款　　密码________

上列款项请从　　行号________

我账户中支付

出票人签章　（滨海华力粗布厂 财务专用章）（冰王印一）　　复核　　记账

图表 6-21

中国工商银行进账单（回单）

年　月　日　　NO.325

收款人	全　称		付款人	全　称	
	账　号			账　号	
	开户银行			开户银行	
人民币（大写）			百 十 万 千 百 十 元 角 分		
票据种类		票据张数			
票据号码					
复核　　记账			收款人开户银行盖章		

5. 25 日，开出转账支票支付咨询费，见图表 6-22、图表 6-23。

图表 6-22

山东省增值税专用发票

山东 发票联 国家税务总局监制

№ 13152226

开票日期：2018 年 12 月 25 日

购买方	名　　称：滨海市东方公司 纳税人识别号：91371600563745OC47 地 址、电 话：山东省滨海市长江一路 11 号 0543-2708456 开户行及账号：中国工商银行胜利路分理处 1613214266765222001					密码区	略	
货物或应税劳务、服务名称	规格型号	单位	数量	单价	金额	税率	税额	
咨询费			1	6 000.00	6 000.00	6%	360.00	
合　计					¥6 000.00		¥360.00	
价税合计（大写）	⊗陆仟叁佰陆拾元整				（小写）¥6 360.00			
销售方	名　　称：滨海市星河会计师事务所 纳税人识别号：423503001112764276 地 址、电 话：山东省滨海市渤海八路 30 号 0543-2336523 开户行及账号：中国工商银行渤海八路分理处 1613660066765332354					备注	滨海市星河会计师事务所 423503001112764276 发票专用章	

收款人：李子虎　　复核：吴越　　开票人：王小宇　　销售方（章）

第三联　发票联　购买方记账凭证

图表 6-23

中国工商银行
转账支票存根
10201120
00965236

科　　目

对方科目

出票日期 2018 年 12 月 25 日

收款人：星河会计师事务所	
金额：¥6 360.00	
用途：支付咨询费	

单位主管 林青　　会计 李平

6. 31 日，结转本月已售材料的成本，见图表 6-24。

图表 6-24

东方公司销售材料成本计算表

2018 年 12 月 31 日　　　　单位：元

品名	计量单位	销售数量	销售成本	
			单位成本	总成本
棉线	千克	1 500	30	45 000
涤棉	千克	500	25	12 500
合计		—	—	57 500

记账：　　　　会计主管：林青　　　　制单：李平

【实训准备】

1. 记账凭证。
2. 银行存款日记账、总账、三栏式及数量金额式明细账账页。
3. 胶棒、红笔、计算器等实习用品。

【实训点评】

学生应进一步掌握“其他业务收入”及“其他业务成本”核算的内容。

1. “其他业务收入”科目核算企业除主营业务活动以外的其他经营活动实现的收入，包括销售材料、出租包装物和商品、出租固定资产、出租无形资产等实现的收入。

2. “其他业务成本”科目核算除主营业务活动以外的其他经营活动所产生的成本，包括销售材料的成本、出租固定资产的折旧额、出租无形资产的摊销额、出租包装物的成本或摊销额。

任务三　利润形成与分配业务模拟实训

【实训目的】

1. 能对企业发生的营业外收支业务进行正确处理。
2. 能根据本年利润结转业务填制记账凭证。
3. 能根据提取盈余公积金及利润分配相关业务填制记账凭证。
4. 能正确计算应纳增值税额及各种相关附加税额。
5. 学会填写增值税及相关附加税纳税申报表。
6. 掌握总账及多栏式明细账的设置与登记。

【实训要求】

1. 认真审核营业外收支业务收到的相关原始凭证，审核其是否真实可靠、书写清楚、内容完整等。
2. 能明确利润分配的顺序。
3. 根据原始凭证填制记账凭证，做到项目齐全、内容正确、填制及时等。
4. 登记本年利润及利润分配等账户明细账，做到逐笔登记、书写规范、记录准确。
5. 填制各纳税申报表时，审核其项目是否完整、准确。

【实训步骤】

1. 在任务二的基础上，新开设营业外收入明细账、营业外支出明细账、增值税明细账，按经济业务涉及的会计科目开设其他总分类账户。
2. 根据【业务描述及所附原始凭证】中的经济业务，填制通用记账凭证并审核。
3. 根据审核无误的会计凭证逐笔登记有关日记账和明细账。
4. 根据记账凭证登记总账。
5. 月末，结出有关账户的发生额及余额，并进行对账。

【业务描述及所附原始凭证】

该公司2018年12月份发生的有关其他业务

1. 6日，开出转账支票，支付违约罚款，见图表6-25、图表6-26。

图表6-25

收　款　收　据

2018年12月06日　　　　№ 20181206

交款单位 滨海市东方公司　　　　收款方式 转账支票

收款事由 违约罚款

人民币（大写）伍佰元整　　　　¥500.00

收款单位（盖章）

（印章：滨海市华力公司 财务专用章）

会计主管：　　审核：李艳　　记账：　　出纳：方慧

此联　记账联

图表6-26

中国工商银行
转账支票存根

10201120
00965325

科　　目

对方科目

出票日期 2018年12月06日

收款人：滨海市华力公司
金额：¥500.00
用途：支付违约罚款

单位主管 林青　　会计 李平

2. 8日，开出转账支票，向中国青少年发展基金会捐款，见图表6-27、图表6-28。

图表 6-27

工商银行 转账支票存根 10201120 00965336
科　　目
对方科目
出票日期 2018 年 12 月 08 日
收款人：中国青少年发展基金会
金额：¥10 000.00
用途：捐赠支出
单位主管 林青　　会计 李平

图表 6-28

公益事业捐赠统一票据

捐赠人：滨海市东方公司　　2018 年 12 月 08 日　　№1303603889

捐赠项目	实物（外币）种类	数量	金额
爱心捐赠	人民币		10 000.00
金额合计（小写）			¥10 000.00
金额合计（大写）壹万元整			

第二联 收据

接受单位（盖章）　　复核人：李丽　　开票人：赵明

（印章：中国青少年发展基金会 财务专用章）

3. 15 日，收到银行交来的利息回单一张，见图表 6-29。

图表 6-29

中国工商银行存款利息回单（往账）

日期：2018 年 12 月 15 日

付款人	全　称	中国工商银行滨海支行	收款人	全　称	滨海市东方公司
	账　号			账　号	1613214266765222001
	开户银行			开户银行	中国工商银行胜利路分理处
金　额：叁佰柒拾贰元壹角捌分				小写：¥372.18	
用　途：					
备注： 1613214266765222001 户第 12 月份利息 银行盖章					
操作流程　经办：　复核：　授权：					

（印章：中国工商银行滨海支行 电子回单专用章）

4. 16日，办理汇兑业务，并支付手续费20元，见图表6-30、图表6-31。

图表6-30

中国工商银行 电 汇 凭 证（回单）

委托日期：2018年12月16日　　凭证编号：3400578464381185

汇款人	全　称	滨海市东方公司	收款人	全　称	江西华贸纺织品有限公司
	账　号	1613214266765222001		账　号	1261214567321134897
	汇出地点	山东省滨海市		汇入地点	江西省吉安市
	汇出行名称	中国工商银行胜利路分理处		汇入行名称	中国工商银行吉安路分理处

金额	亿	千	百	十	万	千	百	十	元	角	分
人民币（大写）贰拾陆万陆仟柒佰陆拾元整			¥	2	6	6	7	6	0	0	0

中国工商银行胜利路分理处 2018.12.16 转讫 （汇出行盖章）	支付密码

此联汇出行给汇款人的回单

图表6-31

中国工商银行　　收费凭条

2018年12月16日

付款人名称	滨海市东方公司			付款人账号	1613214266765222001									
服务项目（凭证种类）	数量	工本费	手续费	小计 百	十	万	千	百	十	元	角	分		上述款项请从我账户中支付
手续费									2	0	0	0		
合　计								¥	2	0	0	0		
人民币（大写）	贰拾元整													预留印鉴章

中国工商银行胜利路分理处 2018.12.16 转讫

复核 李萍　　　　记账：杨梅

记账凭证附件

5. 20日，经领导审批，核销无法支付货款60 000元，见图表6-32。

图表6-32

往来账核销审批单

2018年12月20日

单位名称	江苏嘉嘉纺织有限公司	往来记录	采购原材料	备注
业务日期	2013年06月10日	核销金额	60 000.00	
核销原因	挂账时间5年以上，经多次联系，无法支付			
业务主管意见： 情况属实，建议核销 李明 2018年12月20日	财务主管意见： 情况属实，同意核销 李平 2018年12月20日	单位负责人意见： 情况属实，同意核销 张新华 2018年12月20日		

单位负责人：张新华　　会计主管：李平　　会计：林青　　业务员：张宁宁

6. 31日，根据任务一和任务二的经济业务内容，计算本月销项税额，计算并结转本月应交增值税，见图表6-33。

图表6-33

增值税计算表

2018年12月31日

项　目	本月销项税	本月进项税	本月应交增值税	已交本月增值税	未交本月增值税
应交增值税		14 740			
合　计					

7. 31日，根据本月应缴增值税（上述第6题资料），计算并结转本月应缴纳的城市维护建设税、教育费附加、地方教育费附加及水利建设基金，见图表6-34。

图表6-34

税金及附加计算表

2018年 12月　　单位：元

项　目	计税金额	税率	本月应交税额
应交城建税		7%	
应交教育费附加		3%	
应交地方教育费附加		2%	
应交水利建设基金		0.5%	
合　计		—	

会计主管：　　制单：

8. 31日，根据任务一、任务二和任务三的经济业务内容，结转本月损益类账户余额，计算本月实现的利润总额，见图表6-35。

图表 6-35

损益类账户发生额

2018年 12月　　　　单位：元

科目名称	借方	科目名称	贷方
主营业务成本		主营业务收入	
其他业务成本		其他业务收入	
管理费用		营业外收入	
销售费用		投资收益	
财务费用			
营业外支出			
税金及附加			
合　计		—	

9. 31日，根据任务一、任务二和任务三的经济业务内容，计算并结转本月应交企业所得税，见图表 6-36。（假设无纳税调整事项）

图表 6-36

企业所得税计算表

2018年 12月　　　　单位：元

项　目	计税金额	税率	本月应交税额	备　注
所得税费用		25%		
合　计		—		

会计主管：　　　　制单：

10. 31日，根据任务一、任务二和任务三的经济业务内容，计算并结转全月实现的净利润。

11. 31日，编制利润分配计算表，填列图表 6-37。

图表 6-37

利润分配计算表

2018年 12月　　　　单位：元

利润分配项目	全年实现净利润	提取比例	分配金额
提取法定盈余公积		10%	
分配股利		40%	
合 计		—	

会计主管：林青　　　　制单：李平

12. 31 日，年末结转利润分配各明细账户余额。

【实训准备】

1. 记账凭证。
2. 应交增值税明细账账页；总账及多栏式明细账账页。
3. 各种纳税申报表。
4. 胶棒、红笔、计算器等实习用品。

【实训点评】

学生应进一步明确利润分配的顺序：

1. 提取法定盈余公积。
2. 提取任意盈余公积。
3. 向投资者分配利润。

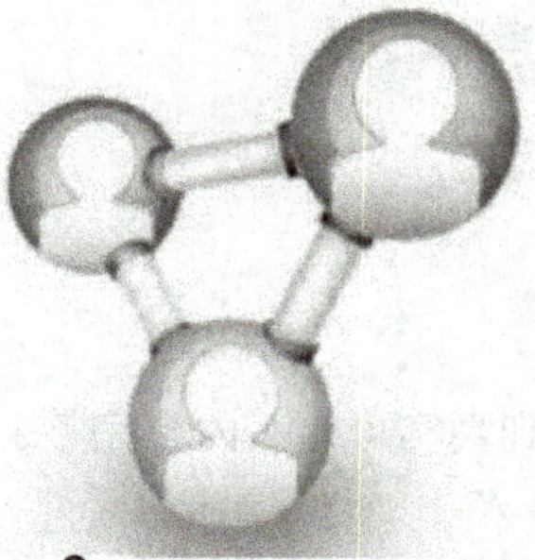

【知识链接】

收入利润会计岗位职责

1. 能正确及时地确认和计量各项收入，并及时进行相关的账务处理。

2. 能根据税法规定，正确计算并及时申报和缴纳各项税费。

3. 能正确登记应交税费——应交增值税明细账。

4. 能正确结转本年利润。

5. 能正确计提盈余公积。

6. 能正确进行向投资者分配利润的核算。

项目七

企业综合模拟实训

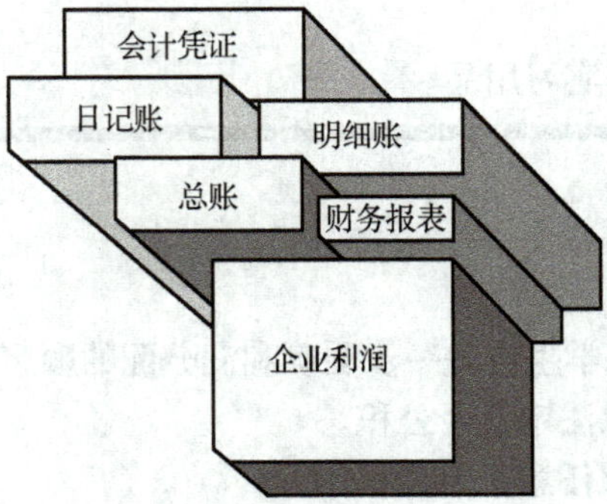

【实训目的】

1. 熟悉小企业的生产经营过程，以及会计、主管、出纳等岗位核算间的内在关系。
2. 掌握小企业会计核算的基本流程和操作方法。
3. 加深对所学专业理论知识的理解，提高实际动手能力。
4. 能较全面地掌握会计操作技能。

【实训要求】

1. 树立严谨的工作作风和实事求是的工作态度。
2. 认真审核小企业经济业务过程中取得的相关原始凭证，要做到真实可靠、内容完整、手续齐全等。
3. 按照有关规定设置并登记相关账簿，做到字迹清楚、书写规范等。
4. 按规定的程序和方法记账、结账，发现错账应运用正确的方法更正。
5. 对工作中出现的问题，要认真分析、正确处理，以确保会计信息的真实性、完整性、可靠性。

【实训步骤】

1. 根据滨海市东方公司 2018 年 11 月 30 日各账户期末余额，建立总账、现金日记账、银行存款日记账和有关明细账，并登记 2018 年 12 月份期初余额。
2. 根据【业务描述及所附原始凭证】中的经济业务，填制通用记账凭证并审核。
3. 根据审核无误的会计凭证逐笔登记有关日记账和明细账。
4. 根据记账凭证登记总账。
5. 月末，结出有关账户的发生额及余额，并进行对账。
6. 编制余额试算平衡表。
7. 编制东方公司 2018 年 12 月 31 日资产负债表和 2018 年 12 月份利润表。

【业务描述及所附原始凭证】

一、模拟企业概况

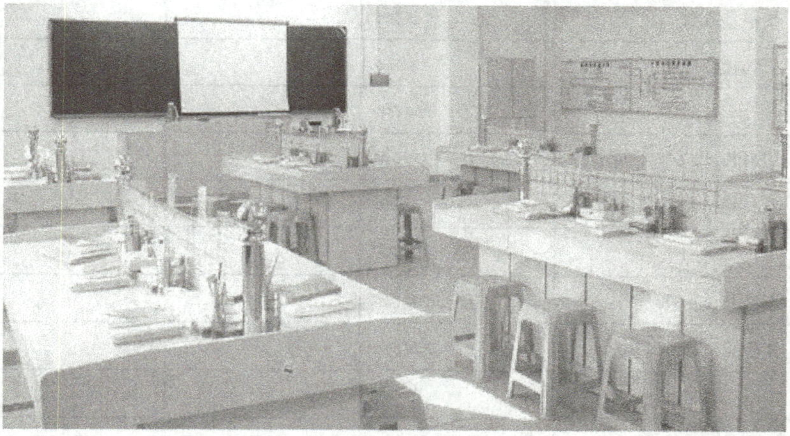

滨海市东方公司是一家小型制造企业，主要生产 A、B 两种产品。公司注册资本 2 000 万元，法定代表人张新华。公司地址：滨海市长江一路 11 号，电话：0543-2708456。

公司会计核算执行 2013 年实施的《小企业会计准则》。

该公司为增值税一般纳税人，增值税税率为 16%；运费增值税发票按 10%抵扣；广告费按 6%抵扣增值税；企业所得税税率为 25%（假设无纳税调整事项）。城市维护建设税税率为 7%，教育费附加征收率为 3%，地方教育费附加征收率为 2%，水利建设基金征收率为 0.5%。按税后利润的 10%提取法定盈余公积金、按税后利润的 5%提取任意盈余公积金。

该公司原材料采用先进先出法于月末一次结转发出材料成本，库存商品采用全月一次加权平均法计算发出库存商品成本。

企业所得税计算本月无纳税调整事项。

该公司 2018 年 11 月末有关账户余额资料见图表 7-1、图表 7-2。

图表 7-1

东方公司 2018 年 11 月 30 日有关账户余额表

会计科目	明细科目	借方余额	贷方余额	备　注
库存现金		7 500		
银行存款		11 540 099		
	建行	5 518 470		
	工行	6 017 271		
应收票据		803 000		
	阳光公司	675 000		
	明辉公司	128 000		
应收账款		1 263 000		
	大华公司	580 000		发生日期：2016-12-08
	长城公司	320 000		发生日期：2017-03-15
	中惠公司	358 000		发生日期：2018-06-20
其他应收款		15 000		
	预借差旅费	15 000		
	代扣社会保险	9 830		
原材料		655 000		
	甲材料（1 500 千克）	150 000		
	乙材料（2 500 千克）	500 000		
库存商品		650 000		
	A 产品（1 500 件）	300 000		
	B 产品（1 000 件）	350 000		
生产成本		20 300		
	A 产品	13 400		
	B 产品	6 900		
固定资产		12 000 000		
累计折旧			3 296 400	
应交税费			67 031	
	应交增值税			
	进项税额			
	销项税额			
	进项税额转出			
	未交增值税		32 100	
	应交企业所得税		23 800	

续表

会计科目	明细科目	借方余额	贷方余额	备　注
	应交个人所得税		7 600	
	应交城市维护建设税		2 247	
	应交教育费附加		963	
	应交地方教育费附加		642	
	应交水利建设基金		160.50	
应付账款			679 440	
	嘉嘉公司		468 000	
	华瑞公司		200 000	
	应付水电费		11 440	
应付职工薪酬			122 875	
实收资本			20 000 000	
资本公积				
盈余公积			2 677 125	
本年利润				
	未分配利润		116 660.50	
合计		26 959 371	26 959 371	

图表 7-2

2018 年 11 月 30 日生产成本明细账余额表

成本项目	直接材料	直接人工	制造费用	合计
A 产品	8 600	1 800	3 000	13 400
B 产品	3 200	1 700	2 000	6 900

二、12 月份该公司发生经济业务

1. 1 日，因生产经营需要，向中国工商银行申请取得期限为 6 个月的借款 200 000 元，见图表 7-3。

2. 2 日，开出转账支票，支付大华公司前欠货款，见图表 7-4。

3. 5 日，购入材料，货款已付，材料未到，见图表 7-5、图表 7-6 和图表 7-7。

4. 5 日，支付上月各种税费，见图表 7-8、图表 7-9 和图表 7-10。

5. 6 日，生产领料，见图表 7-11、图表 7-12。

6. 10 日，购入办公用品，见图表 7-13、图表 7-14。

7. 11 日，通过建行转账，发放上月工资，见图表 7-15。

8. 12 日，支付上月电费，见图表 7-16、图表 7-17。

9. 13 日，材料入库，见图表 7-18、图表 7-19。

10. 13 日，向长城公司销售产品。（其中 A 产品为应税消费品，适用的消费税税率为 10%），见图表 7-20、图表 7-21。

11. 15 日，支付广告费，见图表 7-22、图表 7-23 和图表 7-24。

12. 16 日，生产领料，见图表 7-25、图表 7-26、图表 7-27 和图表 7-28。

13. 16 日，从临沂市华瑞材料公司购入材料，见图表 7-29、图表 7-30。

14. 18 日，采购部李明出差，预借差旅费 3 500 元，见图表 7-31。

15. 18 日，预付购料款，见图表 7-32。

16. 20 日，以现金支票支付运费（注：运费按重量分摊），见图表 7-33、图表 7-34 和图表 7-35。

17. 21 日，收到材料，验收入库，见图表 7-36、图表 7-37。

18. 22 日，收回前欠货款，见图表 7-38。

19. 23 日，报销差旅费，见图表 7-39。

20. 23 日，因生产急需周转资金，将未到期的商业承兑汇票通过小额融资公司进行票据贴现，见图表 7-40。

21. 23 日，购入打印机一台，交财务部门使用，见图表 7-41 至图表 7-45。

22. 25 日，分配电费，见图表 7-46。

23. 28 日，结转发出材料成本，见图表 7-47。

24. 28 日，分配工资，见图表 7-48。

25. 31 日，计算并结转本期增值税，见图表 7-49。

26. 31 日，计算并结转本期应缴纳的城市维护建设税、教育费附加、地方教育费附加及水利建设基金，见图表 7-50。

27. 31 日，计算并结转本期应缴纳的房产税（当地规定允许减除 30%），见图表 7-51。

28. 31 日，计提本月折旧，见图表 7-52。

29. 31 日，收到银行利息结算回单，扣付本月借款利息，见图表 7-53。

30. 31 日，分配制造费用，见图表 7-54。

31. 31 日，完工入库，见图表 7-55、图表 7-56。

32. 31 日，结转销售成本，见图表 7-57。

33. 31 日，结转期间损益。

34. 31 日，计算并结转所得税费用，见图表 7-58。

35. 31 日，结转本年利润。

36. 31 日，按净利润的 10%计提法定盈余公积。

37. 31 日，编制资产负债表、利润表，见图表 7-59、图表 7-60。

38. 编制本期应收账款账龄分析表，见图表 7-61。

39. 编制本期管理费用实际发生额分析对比表，见图表 7-62。

40. 编制本期货币资金发生额及余额表，见图表 7-63。

【原始凭证】

图表 7-3

中国工商银行 **借 款 借 据**

合同号：12080003476123　　　　委托日期：2018年12月1日

借款单位名称	滨海市东方公司	电话号码	0543-2708456	放款账号												
				存款账号	1613266765222001											
借款金额	人民币（大写）	贰拾万元整			亿	千	百	十	万	千	百	十	元	角	分	
							¥	2	0	0	0	0	0	0	0	
借款用途	流动资金周转	约定还款日期	2019年6月1日	利率	6%											
上列放款已入　　号　　户内				银行盖章　　年　月　日												

中国工商银行 胜利路分理处 2018.12.01 转讫

回单联 代收款通知

图表 7-4

中国工商银行
转账支票存根
10203310
00156123

附加信息

出票日期：2018年12月02日

收款人：山东大华材料有限公司
金　额：¥580 000.00
用　途：购料款

单位主管 李晓伟　　会计 张晓

图表 7-5

山东省增值税专用发票

3700161130

发票联

№ 01656935

开票日期：2018 年 12 月 05 日

购买方	名　　称：滨海市东方公司 纳税人识别号：913716005637450C47 地　址、电　话：山东省滨海市长江一路 11 号 0543-2708456 开户行及账号：中国工商银行胜利路分理处 1613214266765222001				密码区	略		
货物或应税劳务、服务名称	规格型号	单位	数量	单价	金额	税率	税额	
甲材料		千克	800	110.00	88 000.00	16%	14 080.00	
乙材料		千克	1 000	210.00	210 000.00	16%	33 600.00	
合　计			1 800		298 000.00		47 680.00	
价税合计（大写）	⊗叁拾肆万伍仟陆佰捌拾元整				（小写）¥345 680.00			
销售方	名　　称：山东嘉嘉材料有限公司 纳税人识别号：3621050213187132C6 地　址、电　话：山东省临沂市北园路 21 号 开户行及账号：中国工商银行北园路分理处 1612214266768366016				备注	山东嘉嘉材料有限公司 3621050213187132C6 发票专用章		

收款人　　复核　　开票人 张丽丽　　销售方（章）

第三联 发票联 购买方记账凭证

图表 7-6

山东省增值税专用发票

3700161130

抵扣联

№ 01656935

开票日期：2018 年 12 月 05 日

购买方	名　　称：滨海市东方公司 纳税人识别号：913716005637450C47 地　址、电　话：山东省滨海市长江一路 11 号 0543-2708456 开户行及账号：中国工商银行胜利路分理处 1613214266765222001				密码区	略		
货物或应税劳务、服务名称	规格型号	单位	数量	单价	金额	税率	税额	
甲材料		千克	800	110.00	88 000.00	16%	14 080.00	
乙材料		千克	1 000	210.00	210 000.00	16%	33 600.00	
合　计			1 800		298 000.00		47 680.00	
价税合计（大写）	⊗叁拾肆万伍仟陆佰捌拾元整				（小写）¥345 680.00			
销售方	名　　称：山东嘉嘉材料有限公司 纳税人识别号：3621050213187132C6 地　址、电　话：山东省临沂市北园路 21 号 开户行及账号：中国工商银行北园路分理处 1612214266768366016				备注	山东嘉嘉材料有限公司 3621050213187132C6 发票专用章		

收款人　　复核　　开票人 张丽丽　　销售方（章）

第二联 抵扣联 购买方抵扣凭证

图表 7-7

中国工商银行 **电子转账凭证**

委托日期：2018 年 12 月 05 日　　　　凭证编号：3400123987456247

汇款人	全称	滨海市东方公司	收款人	全称	山东嘉嘉材料有限公司
	账号	1613214266765222001		账号	1612214266768366016
	汇出地点	山东省滨海市		汇出地点	山东省临沂市
	汇出行名称	中国工商银行胜利路分理处		汇出行名称	中国工商银行经十路分理处

金额	（大写） 叁拾肆万伍仟陆佰捌拾元整	亿	千	百	十	万	千	百	十	元	角	分
				¥	3	4	5	6	8	0	0	0

附加信息机用途： 支付购料款 中国工商银行 胜利路分理处 2018.12.05 转讫 （银行盖章）	支付密码 根据中国工商银行 1613214266765222001 账户 0012367773 号电子指令，上述款项已由滨海市东方公司支付。 客户经办人员：刘丽　复核：黄明　记账：

第一联 客户回单

图表 7-8

中国建设银行电子缴税付款凭证

转账日期 2018 年 12 月 5 日　　　　凭证字号：70321868

纳税人全称及纳税识别号：　滨海市东方公司　91371600563745OC47

付款人名称：	滨海市东方公司		
付款人账号：	52641000105675261262	征收机关名称：	滨海市开发区国家税务局
付款人开户银行：	中国建设银行滨海开发区支行	收款国库（银行）名称：	滨海市支库
小写（合计）金额：	¥55,900.00	缴款书交易流水号：	2018120518980030
大写（合计）金额：	伍万伍仟玖佰元整	税票号码：	2018120518980030

税（费）种名称	所属日期	实缴金额
增值税	2018/11/01 － 2018/11/30	¥32 100.00
企业所得税	2018/11/01 － 2018/11/30	¥23 800.00

中国建设银行 滨海开发区支行 2018.12.05 办讫章

第 1 次打印　　打印时间　　2018 年 12 月 5 日 10 时 30 分

第二联　作付款回单（无银行办讫章无效）　　复核　　记账

图表 7-9

中国建设银行电子缴税付款凭证

转账日期 2018 年 12 月 5 日　　　　凭证字号：70321869

纳税人全称及纳税识别号：	滨海市东方公司	913716005637450C47	
付款人名称：	滨海市东方公司		
付款人账号：	5264100010567526l262	征收机关名称：	滨海市开发区地方税务局
付款人开户银行：	中国建设银行滨海开发区支行	收款国库（银行）名称：	滨海市支库
小写（合计）金额：	￥7 600.00	缴款书交易流水号：	2018120512346132
大写（合计）金额：	柒仟陆佰元整	税票号码：	2018120512346132
税（费）种名称		所属日期	实缴金额
个人所得税		2018/11/01－2018/11/30	￥7 600.00
第 1 次打印	打印时间	2018 年 12 月 5 日 10 时 30 分	

（印章：中国建设银行 滨海开发区支行 2018.12.05 办讫章）

第二联　作付款回单（无银行办讫章无效）　　复核　　记账

图表 7-10

中国建设银行电子缴税付款凭证

转账日期 2018 年 12 月 5 日　　　　凭证字号：70321870

纳税人全称及纳税识别号：	滨海市东方公司	913716005637450C47	
付款人名称：	滨海市东方公司		
付款人账号：	5264100010567526l262	征收机关名称：	滨海市开发区地方税务局
付款人开户银行：	中国建设银行滨海开发区支行	收款国库（银行）名称：	滨海市支库
小写（合计）金额：	￥4 012.50	缴款书交易流水号：	2018120512346133
大写（合计）金额：	肆仟零壹拾贰元伍角整	税票号码：	2018120512346133
税（费）种名称		所属日期	实缴金额
城市维护建设税		2018/11/01－2018/11/30	￥2 247.00
教育费附加		2018/11/01－2018/11/30	￥963.00
地方教育费附加		2018/11/01－2018/11/30	￥642.00
水利建设基金		2018/11/01－2018/11/30	￥160.50
第 1 次打印	打印时间	2018 年 12 月 5 日 10 时 35 分	

（印章：中国建设银行 滨海开发区支行 2018.12.05 办讫章）

第二联　作付款回单（无银行办讫章无效）　　复核　　记账

图表 7-11

领料单

领料部门：生产车间　　　　　　　　　　　　№：201812001

领料用途：生产A产品　　　　2018年 12 月 06 日　　　　发料仓库：原料库

编号	材料名称	规格型号	计量单位	单价	请领数量	实发数量	金额
101	甲材料		千克		1 000	1 000	
102	乙材料		千克		100	100	
合计					1 100	1 100	

第三联 记账联

仓库主管：孙晓丽　　仓管员：张英红　　财务：宁晓苗　　经办人：李英

图表 7-12

领料单

领料部门：生产车间　　　　　　　　　　　　№：201812002

领料用途：生产B产品　　　　2018年 12 月 06 日　　　　发料仓库：原料库

编号	材料名称	规格型号	计量单位	单价	请领数量	实发数量	金额
102	乙材料		千克		1 500	1 500	
合计					1 500	1 500	

第三联 记账联

仓库主管：孙晓丽　　仓管员：张英红　　财务：宁晓苗　　经办人：李英

图表 7-13

山东省增值税专用发票

3700161130　　　　抵扣联　　　　No 01656874

开票日期：2018 年 12 月 10 日

购买方	名　　称：滨海市东方公司 纳税人识别号：913716005637450C47 地址、电话：山东省滨海市长江一路11号 0543-2708456 开户行及账号：中国工商银行胜利路分理处 1613214266765222001
密码区	略

货物或应税劳务、服务名称	规格型号	单位	数量	单价	金额	税率	税额
复印纸		箱	5	90.00	450.00	16%	72.00
文件盒		个	20	20.00	400.00	16%	64.00
合　计					¥850.00		¥136.00

价税合计（大写）　⊗玖佰捌拾陆元整　　　　（小写）¥986.00

销售方	名　　称：滨海得力办公用品公司 纳税人识别号：320103002228846 1F3 地址、电话：山东省滨海市黄河二路20号 0543-3226658 开户行及账号：中国工商银行黄河二路分理处 1613214266758366027
备注	滨海得力办公用品公司 2288461F3 发票专用章

收款人　　复核　　开票人 张晓　　销售方（章）

第二联 抵扣联 购买方抵扣凭证

图表 7-14

山东省增值税专用发票

3700161130

发 票 联

№ 01656874

开票日期：2018 年 12 月 10 日

购买方	名　　称：滨海市东方公司 纳税人识别号：913716005637450C47 地 址 、电 话：山东省滨海市长江一路 11 号 0543-2708456 开户行及账号：中国工商银行胜利路分理处 1613214266765222001	密码区	略

货物或应税劳务、服务名称	规格型号	单位	数量	单价	金额	税率	税额
复印纸		箱	5	90.00	450.00	16%	72.00
文件盒		个	20	20.00	400.00	16%	64.00
合　计					¥850.00		¥136.00
价税合计（大写）	⊗玖佰捌拾陆元整				（小写）¥986.00		

销售方	名　　称：滨海得力办公用品公司 纳税人识别号：3201030022288461F3 地 址 、电 话：山东省滨海市黄河二路 20 号 0543-3226658 开户行及账号：中国工商银行黄河二路分理处 1613214266758366027	备注	滨海得力办公用品公司 3201030022288461F3 发票专用章 现金付讫

收款人　　复核　　开票人 张晓　　销售方（章）

第三联 发票联 购买方记账凭证

图表 7-15

工资发放表

2018 年 11 月

应付工资总额	代扣社会保险	代扣个人所得税	实发合计	备注
122 875.00	9 830.00	5 184.50	107 860.50	

图表 7-16

山东省增值税专用发票

3700161130

抵 扣 联

№ 01656874

开票日期：2018 年 12 月 10 日

购买方	名　　称：滨海市东方公司 纳税人识别号：913716005637450C47 地 址 、电 话：山东省滨海市长江一路 11 号 0543-2708456 开户行及账号：中国工商银行胜利路分理处 1613214266765222001	密码区	略

货物或应税劳务、服务名称	规格型号	单位	数量	单价	金额	税率	税额
电费		KW·h	15 043	0.65	9 862.00	16%	1 578.00
合　计					¥9 862.00		¥1 578.00
价税合计（大写）	⊗壹万壹仟肆佰肆拾元整				（小写）¥11 440.00		

销售方	名　　称：滨海市供电局 纳税人识别号：3201031268753236F5 地 址 、电 话：滨海市黄河三路 120 号 0543-3223123 开户行及账号：中国工商银行黄河三路分理处 1613214266898375033	备注	滨海市供电局 3201031268753236F5 发票专用章

收款人　　复核　　开票人 李丽　　销售方（章）

第二联 抵扣联 购买方抵扣凭证

图表 7-17

山东省增值税专用发票

3700161130

发票联

№ 01656874

开票日期：2018 年 12 月 10 日

购买方	名称：滨海市东方公司 纳税人识别号：913716005637450C47 地址、电话：山东省滨海市长江一路11号 0543-2708456 开户行及账号：中国工商银行胜利路分理处 1613214266765222001						密码区	略
货物或应税劳务、服务名称	规格型号	单位	数量	单价	金额	税率	税额	
电费		KW·h	15 043	0.65	9 862.00	16%	1 578.00	
合计					¥9 862.00		¥1 578.00	
价税合计（大写）	⊗壹万壹仟肆佰肆拾元整				（小写）¥11 440.00			
销售方	名称：滨海市供电局 纳税人识别号：320103126875323675 地址、电话：滨海市黄河三路120号 0543-3223123 开户行及账号：中国工商银行黄河三路分理处 1613214266898375033						备注	滨海市供电局 3201031268753236F5 发票专用章

收款人　　复核　　开票人 李丽　　销售方（章）

第三联 发票联 购买方记账凭证

图表 7-18

材 料 入 库 单

2018 年 12 月 13 日

供货单位：山东嘉嘉材料有限公司　　№：0012001

材料编号	材料名称	规格型号	计量单位	数量		备注
				应收	实收	
101	甲材料		千克	800	800	
102	乙材料		千克	1 000	1 000	

采购主管：赵琳　　采购人：姜红　　仓库主管：孙晓丽　　收料人：李大伟

第二联 记账联

图表 7-19

材料采购成本计算表

供货单位：山东嘉嘉材料有限公司　　2018 年 12 月 13 日　　单位：元

材料名称	计量单位	发票单价	应收数量	实收数量	买价	采购费用			实际采购成本	单位成本
						分配标准	分配率	分配费用		
甲材料	千克									
乙材料	千克									
合计										
备注										

复核：张丽　　制表：宁静

图表 7-20

产品出库单

第 001 号

2018 年 12 月 13 日　　　　仓库：成品库

编号	名称	规格	单位	数量	单价	金额	用途或原因
101	A 产品		件	1 000			销售
102	B 产品		件	800			销售
合　计				1 800			

仓库主管：张海　　　　保管员：朱秀娟

第三联　记账联

图表 7-21

山东省增值税专用发票

1100141160　　　　记　账　联　　　　№ 70121213

开票日期：2018 年 12 月 13 日

<table>
<tr><td rowspan="4">购买方</td><td colspan="6">名　　称：北京长城科技有限公司</td><td rowspan="4">密码区</td><td colspan="2" rowspan="4">略</td></tr>
<tr><td colspan="6">纳税人识别号：110103423123412</td></tr>
<tr><td colspan="6">地址、电话：北京市海淀区上庄路 11 号 010-65471233</td></tr>
<tr><td colspan="6">开户行及账号：中国工商银行上庄路支行 1220221315321233516</td></tr>
<tr><td colspan="2">货物或应税劳务、服务名称</td><td>规格型号</td><td>单位</td><td>数量</td><td>单价</td><td colspan="2">金额</td><td>税率</td><td>税额</td></tr>
<tr><td colspan="2">A 产品</td><td></td><td>件</td><td>1 000</td><td>350.00</td><td colspan="2">350 000.00</td><td>16%</td><td>56 000.00</td></tr>
<tr><td colspan="2">B 产品</td><td></td><td>件</td><td>800</td><td>480.00</td><td colspan="2">384 000.00</td><td>16%</td><td>61 440.00</td></tr>
<tr><td colspan="2">合　计</td><td></td><td></td><td></td><td></td><td colspan="2">¥734 000.00</td><td></td><td>¥117 440.00</td></tr>
<tr><td colspan="2">价税合计（大写）</td><td colspan="8">⊗捌拾伍万壹仟肆佰肆拾元整　　　（小写）¥851 440.00</td></tr>
<tr><td rowspan="4">销售方</td><td colspan="6">名　　称：滨海市东方公司</td><td rowspan="4">备注</td><td colspan="2" rowspan="4">滨海市东方公司 913716005637450C4F 发票专用章</td></tr>
<tr><td colspan="6">纳税人识别号：913716005637450C4F</td></tr>
<tr><td colspan="6">地址、电话：山东省滨海市长江一路 11 号 0543-2708456</td></tr>
<tr><td colspan="6">开户行及账号：中国工商银行胜利路分理处 1613214266765222001</td></tr>
</table>

收款人　　　　复核　　　　开票人 崔颖　　　　销售方（章）

第一联　记账联　销售方记账凭证

图表 7-22

3700161130

山东省增值税专用发票

抵扣联

№ 01651215

开票日期：2018 年 12 月 15 日

购买方	名　　称：滨海市东方公司 纳税人识别号：913716005637450C47 地址、电话：山东省滨海市长江一路 11 号 0543-2708456 开户行及账号：中国工商银行胜利路分理处 1613214266765222001				密码区	略	
货物或应税劳务、服务名称	规格型号	单位	数量	单价	金额	税率	税额
广告费		次	1	20 000	20 000.00	6%	1 200.00
合　计					¥20 000.00		¥1 200.00
价税合计（大写）	⊗贰万壹仟贰佰元整				（小写）¥21 200.00		
销售方	名　　称：滨海市创意广告公司 纳税人识别号：320103226834165C27 地址、电话：山东省滨海市黄河一路 10 号 0543-3322456 开户行及账号：中国工商银行黄河一路分理处 1613214266778575123				备注	滨海市创意广告公司 320103226834165C2F 发票专用章	

收款人　　复核　　开票人 孟颖　　销售方（章）

第二联 抵扣联 购买方扣税凭证

图表 7-23

3700161130

山东省增值税专用发票

发票联

№ 01651215

开票日期：2018 年 12 月 15 日

购买方	名　　称：滨海市东方公司 纳税人识别号：913716005637450C47 地址、电话：山东省滨海市长江一路 11 号 0543-2708456 开户行及账号：中国工商银行胜利路分理处 1613214266765222001				密码区	略	
货物或应税劳务、服务名称	规格型号	单位	数量	单价	金额	税率	税额
广告费		次	1	20 000	20 000.00	6%	1 200.00
合　计					¥20 000.00		¥1 200.00
价税合计（大写）	⊗贰万壹仟贰佰元整				（小写）¥21 200.00		
销售方	名　　称：滨海市创意广告公司 纳税人识别号：320103226834165C27 地址、电话：滨海市黄河一路 10 号 0543-3322456 开户行及账号：中国工商银行黄河一路分理处 1613214266778575123				备注	滨海市创意广告公司 320103226834165C2F 发票专用章	

收款人　　复核　　开票人 孟颖　　销售方（章）

第三联 发票联 购买方记账凭证

图表 7-24

中国工商银行
转账支票存根
10203310
00161218

附加信息

出票日期：2018 年 12 月 15 日

收款人：滨海市创意广告公司
金　额：¥21 200.00
用　途：广告费

单位主管 李晓伟　　会计 张晓

图表 7-25

领　料　单

领料部门：生产车间　　　　№：201812003

领料用途：生产A产品　　2018 年 12 月 16 日　　发料仓库：原料库

编号	材料名称	规格型号	计量单位	单价	请领数量	实发数量	金　额
101	甲材料		千克		500	500	
102	乙材料		千克		50	50	
合计					550	550	

第三联　记账联

仓库主管：孙晓丽　　仓管员：张英红　　财务：宁晓苗　　经办人：李英

图表 7-26

领　料　单

领料部门：生产车间　　　　№：201812004

领料用途：生产B产品　　2018 年 12 月 16 日　　发料仓库：原料库

编号	材料名称	规格型号	计量单位	单价	请领数量	实发数量	金　额
102	乙材料		千克		1 800	1 800	
合计					1 800	1 800	

第三联　记账联

仓库主管：孙晓丽　　仓管员：张英红　　财务：宁晓苗　　经办人：李英

图表 7-27

领 料 单

领料部门：行政部门　　　　　　　　　　　　　　　　№：201812005

领料用途：一般耗用　　　　2018 年 12 月 16 日　　　　发料仓库：原料库

编号	材料名称	规格型号	计量单位	单价	请领数量	实发数量	金　额
101	甲材料		千克		100	100	
合计					100	100	

第三联 记账联

仓库主管：孙晓丽　　仓管员：张英红　　财务：宁晓苗　　经办人：李英

图表 7-28

领 料 单

领料部门：生产车间　　　　　　　　　　　　　　　　№：201812006

领料用途：一般耗用　　　　2018 年 12 月 16 日　　　　发料仓库：原料库

编号	材料名称	规格型号	计量单位	单价	请领数量	实发数量	金　额
101	乙材料		千克		50	50	
合计					50	50	

第三联 记账联

仓库主管：孙晓丽　　仓管员：张英红　　财务：宁晓苗　　经办人：李英

图表 7-29

3700161130

山东省增值税专用发票

抵 扣 联

全国统一发票监制章 山东 国家税务总局监制

№ 01651237

开票日期：2018 年 12 月 16 日

购买方	名　　称：滨海市东方公司 纳税人识别号：913716005637450C47 地址、电话：山东省滨海市长江一路 11 号 0543-2708456 开户行及账号：中国工商银行胜利路分理处 1613214266765222001
密码区	略

货物或应税劳务、服务名称	规格型号	单位	数量	单价	金额	税率	税额
甲材料		千克	1 000	120.00	120 000.00	16%	19 200.00
乙材料		千克	1 000	215.00	215 000.00	16%	34 400.00
合　计			2 000		¥335 000.00		¥53 600.00

价税合计（大写）　⊗叁拾捌万捌仟陆佰元整　　（小写）¥388 600.00

销售方	名　　称：临沂市华瑞材料有限公司 纳税人识别号：330101336845137F63 地址、电话：山东省临沂市临西路 16 号 0539-4332876 开户行及账号：中国工商银行临西路分理处 1615202007009034126
备注	临沂市华瑞材料有限公司 330101336845137F63 发票专用章

第二联 抵扣联 购买方扣税凭证

收款人　　复核　　开票人 赵晓英　　销售方（章）

图表 7-30

3700161130　　**山东省增值税专用发票**

发票联

№ 01651237

开票日期：2018 年 12 月 16 日

购买方	名称：滨海市东方公司 纳税人识别号：91371600563745OC47 地址、电话：山东省滨海市长江一路11号 0543-2708456 开户行及账号：中国工商银行胜利路分理处 1613214266765222001					密码区	略	
货物或应税劳务、服务名称	规格型号	单位	数量	单价	金额	税率	税额	
甲材料		千克	1 000	120.00	120 000.00	16%	19 200.00	
乙材料		千克	1 000	215.00	215 000.00	16%	34 400.00	
合计			2 000		¥335 000.00		¥53 600.00	
价税合计（大写）	⊗叁拾捌万捌仟陆佰元整					（小写）¥388 600.00		
销售方	名称：临沂市华瑞材料有限公司 纳税人识别号：330101336845137F63 地址、电话：山东省临沂市临西路16号 0539-4332876 开户行及账号：中国工商银行临西路分理处 1615202007009034126					备注	临沂市华瑞材料有限公司 330101336845137F63 发票专用章	

第三联 发票联 购买方记账凭证

收款人　　复核　　开票人 赵晓英　　销售方（章）

图表 7-31

借　款　单

资金性质：现金　　2018 年 12 月 18 日

付款单位：采购部		
借款理由：市场考察出差借款		
借款金额：人民币（大写）叁仟伍佰元整　　¥ 3 500.00		
本单位负责人意见　同意借款	借款人（签章）李明	
领导批示： 李达	会计主管人员核批： 刘月	付款记录： 2018 年 12 月 18 日 第 01 号 支票或现金支出凭单付给 李明

现金付讫

图表 7-32

中国工商银行

银 行 汇 票

2　10204436
10013635

出票日期（大写）：贰零壹捌年壹拾贰月壹拾捌日

代理付款行：中国工商银行胜利路分理处

行　号：102585002308

收款人：山东嘉嘉材料有限公司　　账号：16122142667683660l6

提示付款期限自出票之日起壹个月

出票金额　人民币（大写）　伍万元整

实际结算金额　人民币（大写）

亿	千	百	十	万	千	百	十	元	角	分
			¥	5	0	0	0	0	0	0

申请人：滨海市东方公司　　账号：1613214266765222001

出票行：中国工商银行胜利路分理处　　行号：102585002308

备　注：

凭票付款

中国工商银行胜利路分理处
102585002308320103002
汇票专用章

东黄
印晓

出票行签章

密押

多余金额

亿	千	百	十	万	千	百	十	元	角	分
1										

复核　记账

图表 7-33

3700161130

山东省增值税专用发票

山东 国家税务总局监制

抵　扣　联

№ 01653265

开票日期：2018 年 12 月 20 日

购买方	名　称：滨海市东方公司 纳税人识别号：913716005637450C47 地址、电话：山东省滨海市长江一路11号 0543-2708456 开户行及账号：中国工商银行胜利路分理处 1613214266765222001				密码区	略	
货物或应税劳务、服务名称	规格型号	单位	数量	单价	金额	税率	税额
运费		次	1	1 000.00	1 000.00	10%	100.00
合　计					¥1 000.00		¥100.00
价税合计（大写）	⊗壹仟壹佰元整				（小写）¥1 100.00		
销售方	名　称：临沂市顺风运输有限公司 纳税人识别号：330105201712006172 地址、电话：山东省临沂市临西路26号 0539-4328652 开户行及账号：中国工商银行临西路分理处 1615202086091242632				备注	临沂市顺风运输有限公司 330105201712006lF2 发票专用章	

收款人　　复核　　开票人 李红　　销售方（章）

第二联：抵扣联 购买方扣税凭证

图表 7-34

3700161130

山东省增值税专用发票

发 票 联

№ 01651237

开票日期：2018 年 12 月 20 日

购买方	名　　称：滨海市东方公司 纳税人识别号：913716005637450C47 地 址 、电 话：山东省滨海市长江一路 11 号 0543-2708456 开户行及账号：中国工商银行胜利路分理处 1613214266765222001				密码区	略		
货物或应税劳务、服务名称	规格型号	单位	数量	单价	金额	税率	税额	
运费		次	1	1 000.00	1 000.00	10%	100.00	
合　计					¥1 000.00		¥100.00	
价税合计（大写）	⊗壹仟壹佰元整				（小写）¥1 100.00			
销售方	名　　称：临沂市顺风运输有限公司 纳税人识别号：3301052017120061F2 地 址 、电 话：山东省临沂市临西路 26 号 0539-4328652 开户行及账号：中国工商银行临西路分理处 1615202086091242632				备注	临沂市顺风运输有限公司 3301052017120061F2 发票专用章		

收款人　　复核　　开票人 李红　　销售方（章）

第三联 发票联 购买方记账凭证

图表 7-35

中国工商银行
现金支票存根

10203310
00167865

附加信息

出票日期：2018 年 12 月 20 日

收款人：临沂市顺风运输有限公司

金　额：¥1 100.00

用　途：运费

单位主管 李晓伟　　会计 张晓

滨海市东方公司 财务专用章

图表 7-36

材料入库单

2018年12月21日

供货单位：临沂市华瑞材料有限公司　　№：0012002

材料编号	材料名称	规格型号	计量单位	数量		备注
				应收	实收	
101	甲材料		千克	1 000	1 000	
102	乙材料		千克	1 000	1 000	

第二联 记账联

采购主管：赵琳　　采购人：姜红　　仓库主管：孙晓丽　　收料人：李大伟

图表 7-37

材料采购成本计算表

供货单位：山东嘉嘉材料有限公司　　2018年12月21日　　单位：元

材料名称	计量单位	发票单价	应收数量	实收数量	买价	采购费用			实际采购成本	单位成本
						分配标准	分配率	分配费用		
甲材料	千克									
乙材料	千克									
合计										
备注										

复核：张丽　　制表：宁静

图表 7-38

中国工商银行 进账单（收账通知）3

2018年12月22日　　№：

出票人	全称	浙江中惠股份有限公司	收款人	全称	滨海市东方公司
	账号	1361214356768366123		账号	1613214266765222001
	开户银行	中国工商银行金华市临江路分理处		开户银行	中国工商银行胜利路分理处

金额	人民币（大写）	叁拾伍万捌仟元整	亿	千	百	十	万	千	百	十	元	角	分
					¥	3	5	8	0	0	0	0	0

票据种类	转账支票	票据张数	壹张
票据号码	13400162		

复核　　记账

中国工商银行 临江路分理处 2018.12.22 转讫

收款人开户银行签章

此联是收款人开户银行交给收款人的收账通知

图表 7-39

差旅费报销单

部门：销售部　　　　　　　　　　　　2018 年 12 月 23 日

出差人								张伟								出差事由		新产品展览		
出发				到达				交通工具	单据张数	车船费	途中补贴					住勤补贴		其他费用		
月	日	时	地点	月	日	时	地点				早	中	晚	夜间	金额	天数	金额	项目	单据张数	金额
12	5	08	济南	12	5	12	南京	火车	1	169						10	800.00	行李费		
12	15	08	南京	12	15	12	济南	火车	1	169								市内车费		
12	5		滨海	12	5		济南	汽车	1	30								住宿费	1	1200.00
12	15		济南	12	15		滨海	汽车	1	30								其他		
合计										398							800.00			1200.00
报销总额（金额大写）		贰仟叁佰玖拾捌元整　¥2 398.00														预借金额	11月29日¥2000.00	补领金额：398.00		
																		退还金额：		

现金付讫

主管　　　　审核　　　　出纳　何宁　　　　领款人　张伟

注：此单代途中补贴、住勤费原始单据

图表 7-40

贴现凭证（收账通知）　4

第 9506 号

填写日期 2018 年 12 月 23 日

贴现汇票	种类	商业承兑汇票	号码	4358	申请人	全称	滨海市东方公司
	发票日期	2018 年 11 月 9 日				账号	1613214266765222001
	到期日	2019 年 3 月 9 日				开户	中国工商银行胜利路分理处
汇票承兑人（或银行）	名称	济南市明辉商贸有限公司	账号	260514266321	开户银行	中国银行济南市泉城路支行	

汇票金额（即贴现金额）	人民币（大写）壹拾贰万捌仟元整	千	百	十	万	千	百	十	元	角	分
			¥	1	2	8	0	0	0	0	0

贴现率	3%	贴现利息	千	百	十	万	千	百	十	元	角	分	实付贴现金额	千	百	十	万	千	百	十	元	角	分
						¥	3	8	4	0	0	0			¥	1	2	4	1	6	0	0	0

上述款项已入你单位账户。

此致

中国工商银行胜利路分理处 2018.12.23 转讫

银行盖章

2018 年 12 月 23 日

备注：

此联是银行给贴现申请人的收账通知

图表 7-41

4400165128　　**江西省增值税专用发票**

发票联

№ 32816266

开票日期：2018 年 12 月 23 日

购买方	名　　称：滨海市东方公司 纳税人识别号：913716005637450C47 地 址、电 话：山东省滨海市长江一路 11 号 0543-2708456 开户行及账号：中国工商银行胜利路分理处 1613214266765222001					密码区	略	
货物或应税劳务、服务名称		规格型号	单位	数量	单价	金额	税率	税额
惠普打印机			台	1	5 000	5 000.00	16%	800.00
合　　计						¥5 000.00		¥800.00
价税合计（大写）	⊗伍仟捌佰元整					（小写）¥5 800.00		
销售方	名　　称：江西得力办公用品有限公司 纳税人识别号：440432667567233 1C6 地 址、电 话：江西省吉安市吉安路 126 号 0796-3322567 开户行及账号：中国工商银行吉安路分理处 1261214567321134897					备注	江西得力办公用品有限公司 440432667567233 1C6 发票专用章	

收款人　　复核　　开票人 赵颖　　销货单位（章）

第三联 发票联 购买方记账凭证

图表 7-42

4400165128　　**江西省增值税专用发票**

抵扣联

№ 32816266

开票日期：2018 年 12 月 23 日

购买方	名　　称：滨海市东方公司 纳税人识别号：913716005637450C47 地 址、电 话：山东省滨海市长江一路 11 号 0543-2708456 开户行及账号：中国工商银行胜利路分理处 1613214266765222001					密码区	略	
货物或应税劳务、服务名称		规格型号	单位	数量	单价	金额	税率	税额
惠普打印机			台	1	5 000	5 000.00	16%	800.00
合　　计						¥5 000.00		¥800.00
价税合计（大写）	⊗伍仟捌佰元整					（小写）¥5 800.00		
销售方	名　　称：江西得力办公用品有限公司 纳税人识别号：440432667567233 1C6 地 址、电 话：江西省吉安市吉安路 126 号 0796-3322567 开户行及账号：中国工商银行吉安路分理处 1261214567321134897					备注	江西得力办公用品有限公司 440432667567233 1C6 发票专用章	

收款人　　复核　　开票人 赵颖　　销售方（章）

第二联 抵扣联 购买方抵扣凭证

图表 7-43

固定资产验收单

2018年 12 月 23 日　　　　№ 0023

固定资产名称	规格	单位	数量	预计使用年限	已经使用年限	原始价值	已提折旧	备注
惠普打印机		台	1	8	0	5 000.00	0	
使用部门	财务部	开始使用年限		2018-12-23		折旧方法	平均年限法	
处理意见	使用部门		固定资产管理部门			单位主管部门		
	经办：王立		经办：李泽			经办：王创		

图表 7-44

银行承兑汇票（存根）　3

10200036
21655678

出票日期 贰零壹捌 年 壹拾贰 月 贰拾叁 日

出票人全称	滨海市东方公司	收款人	全称	江西得力办公用品有限公司											
出票人账号	1613214266765222001		账号	1261214567321134897											
付款行全称	中国工商银行胜利路分理处		开户银行	中国工商银行吉安路分理处											
出票金额	人民币（大写）	伍仟捌佰元整			亿	千	百	十	万	千	百	十	元	角	分
									¥	5	8	0	0	0	0
汇票到期日（大写）	贰零壹玖年叁月贰拾贰日	付款行	行号	2142338503003											
承兑协议编号	2018年承字第00168号		地址	山东省滨海市胜利路分理处											
		备注：拨付货款													

此联由出票人存查

图表 7-45

中国工商银行

收费（回单联）收费凭条

2018 年 12 月 23 日

付款人名称	滨海市东方公司			付款人账号	1613214266765222001									
服务项目（凭证种类）		数量	工本费	手续费	小计									上述款项请从我账户中支付
银行承兑汇票手续费				100.00	百	十	万	千	百	十	元	角	分	
								¥	1	0	0	0	0	
合计														
金额	人民币（大写）	壹佰元整						¥	1	0	0	0	0	
以下在购买凭证时填写														
领购人姓名				领购人证件类型										
				领购人证件号码										

中国工商银行 胜利路分理处 2018.12.23 转讫

地区号：2142　　网点号：0213　　操作柜员：02568　　授权柜员：02458

图表 7-46

电费分配表

2018 年 12 月 25 日

产品或部门	用电度数	分配率	金额	备注
A 产品	5 800		3 770.00	
B 产品	4 600		2 990.00	
车间一般耗用	1 200		780.00	
管理部门	2 200		1 430.00	
合　计	13 800	0.65	8 970.00	

复核：　　　　　　　　　　　　　　制表：李玲

图表 7-47

材料费用分配表

2018 年 12 月 28 日

领用部门及用途		甲材料	乙材料	合计	备注
生产车间	A 产品				
	B 产品				
	一般耗用				
行政管理部门					
合计					

复核：　　　　　　　　　　　　　　制表：张丽丽

图表 7-48

工资费用分配表

2018 年 12 月 28 日

部门		工时	分配率	工资	备注
生产工人	A 产品			52 500.00	
	B 产品			38 900.00	
车间管理人员				9 000.00	
行政管理部门				16 800.00	
合计				117 200.00	

复核：　　　　　　　　　　　　　　制表：张丽丽

图表 7-49

应交增值税计算表

2018 年 12 月 31 日

本月销项税额	本月进项税额	本月应交增值税

图表 7-50

城市维护建设税、教育费附加计算表

2018 年 12 月 31 日

项目	税种	税额	城建税（7%）	教育费附加（3%）	地方教育费附加（2%）	水利建设基金（0.5%）	合计
销售产品	增值税						
	消费税						
合计							

图表 7-51

房产税计算表

2018 年 12 月 31 日

房产用途	房产面积	房产原值	适用税率	应纳税额	合计
经营用		1 500 000.00	1.2%		
合计					

图表 7-52

部门折旧分配表

2018 年 12 月 31 日

部门	折旧额	备注
生产车间	32 450.00	
行政管理部门	26 280.00	
合计	58 730.00	

复核： 制表：王凤英

图表 7-53

银行借款利息结算回单

2018 年 12 月 31 日 第 01218 号

付款人	收款人
全 称：滨海市东方公司	全 称：
账 号：16132142667652220001	账 号：
开户银行：中国工商银行胜利路分理处	开户银行：
汇出地点：	汇出地点：
金 额：壹仟元整	小写：¥1 000.00
用 途：	
备 注：回收贷款利息	中国工商银行胜利路分理处 电子回单专用章 银行签章

操作流程	经办	复核	授权

复核： 制表：王凤英

图表 7-54

制造费用分配表

2018 年 12 月 31 日

部门		工时	分配率	制造费用	备注
生产工人	A 产品	800			
	B 产品	1 200			
合计		2 000			

复核： 制表：张丽丽

图表 7-55

产品成本计算单

2018 年 12 月 31 日

产品成本：A 产品 完工产量：1 600 件 在产品：200 件

投料方式：一次投料 完工程序：50%

摘要	成本项目			合计
	直接材料	直接人工	制造费用	
月初在产品成本				
本月发生的费用				
费用合计				
约当生产总量				
分配率				
完工产品成本				
月末在产品成本				

复核： 制表：张丽丽

图表 7-56

产品成本计算单

2018 年 12 月 31 日

产品成本：B 产品 完工产量：1 000 件 在产品：0 件

投料方式：一次投料 完工程序：50%

摘要	成本项目			合计
	直接材料	直接人工	制造费用	
月初在产品成本				
本月发生的费用				
费用合计				
约当生产总量				
分配率				
完工产品成本				
月末在产品成本				

复核： 制表：张丽丽

图表 7-57

已销商品成本计算表

2018年12月31日

产品名称	计量单位	销售数量	单位成本（元）	销售成本（元）	备注
A产品	件				
B产品	件				
合计					

会计主管：　　　　制单：

图表 7-58

企业所得税计算表

2018年 12月　　　　单位：元

项　目	计税金额	税率	本月应交税额	备　注
所得税费用		25%		
合　计		—		

会计主管：　　　　制单：

图表 7-59

资 产 负 债 表

会小企 01 表

编制单位：　　　　年　　月　　日　　　　单位：元

资　产	行次	期末余额	年初余额	负债和所有者权益	行次	期末余额	年初余额
流动资产：				流动负债：			
货币资金	1			短期借款	31		
交易性金融资产	2			交易性金融资产	32		
应收票据	3			应付票据	33		
应收账款	4			应付账款	34		
预付账款	5			预收账款	35		
应收股利	6			应付职工薪酬	36		
应收利息	7			应交税费	37		
其他应收款	8			应付利息	38		
存货	9			应付股利	39		
一年内到期的非流动资产	10			其他应付款	40		
其他流动资产	11			一年内到期的非流动负债	41		
流动资产合计	12			其他流动负债			

续表

资　产	行次	期末余额	年初余额	负债和所有者权益	行次	期末余额	年初余额
非流动资产：	13			流动负债合计	42		
可供出售的金融资产	14			非流动负债：	43		
持有至到期投资	15			长期借款	44		
长期应收款				长期应付款	45		
长期股权投资	16			预计负债	46		
投资性房地产	17			其他非流动负债	47		
固定资产原价	18			非流动负债合计			
减：累计折旧	19			负债合计			
固定资产账面价值	20						
在建工程	21						
工程物资	22						
固定资产清理	23						
生产性生物资产	24			所有者权益：			
无形资产	25			实收资本	48		
开发支出	26			资本公积	49		
长期待摊费用	27			盈余公积	50		
其他非流动资产	28			未分配利润	51		
非流动资产合计	29			所有者权益合计	52		
资产总计	30			负债和所有者权益总计	53		

单位负责人：　　　　　　　　　　会计主管：　　　　　　　　　　制表：

图表 7-60

利　润　表

会小企 02 表

编制单位：　　　　　　　　　　年　　　月　　　　　　　　　　单位：元

资　产	行次	本年累计金额	本月金额
一、营业收入	1		
减：营业成本	2		
营业税金及附加	3		
销售费用	4		
管理费用	5		
财务费用（收益以“-”号填列）	6		
加：投资收益（损失以“-”号填列）	7		
二、营业利润（亏损以“-”号填列）	8		
加：营业外收入	9		
减：营业外支出	10		

续表

资　产	行次	本年累计金额	本月金额
三、利润总额（亏损以"−"号填列）	11		
减：所得税费用	12		
四、净利润（净亏损以"−"号填列）	13		
	14		

单位负责人：　　　　会计主管：　　　　制表：

图表 7-61

应收账款账龄分析表

年　月　日　　　　单位：元

客户名称	1～6 个月	7～12 个月	1～2 年	2～3 年	3 年以上	合　计
大华公司						
长城公司						
中惠公司						
合　计						

图表 7-62

管理费用实际发生额分析对比表

年　月　日　　　　单位：元

序号	项　目	本期发生额	上期发生额	差　额	原因分析
1	工资				
2	职工福利费				
3	办公费				
4	差旅费				
5	业务招待费				
合　计					

图表 7-63

货币资金发生额及余额表

年　月　日　　　　单位：元

项　目	期　初　数	本期借方发生额	本期贷方发生额	期　末　数
库存现金				
银行存款				
其他货币资金				
合　计				

【实训准备】

1. 通用记账凭证 1 本，凭证汇总表 2 张，凭证封面 1 张。

2. 总账账簿 1 本，三栏式明细账簿 1 本，数量金额式明细账页 10 张，多栏式明细账页 6 张。

3. 资产负债表 1 张，利润表 1 张。

4. 固体胶棒 1 支，剪刀 1 把，直尺 1 把，计算器 1 个。

【实训点评】

1. 会计核算账务处理程序：记账凭证账务处理程序，科目汇兑表账务处理程序，汇总记账凭证账务处理程序。

2. 存货发出计价方法：先进先出法、加权平均法、个别计价法。

3. 总账与明细账平行登记的规则：同方向、同金额、同期间。

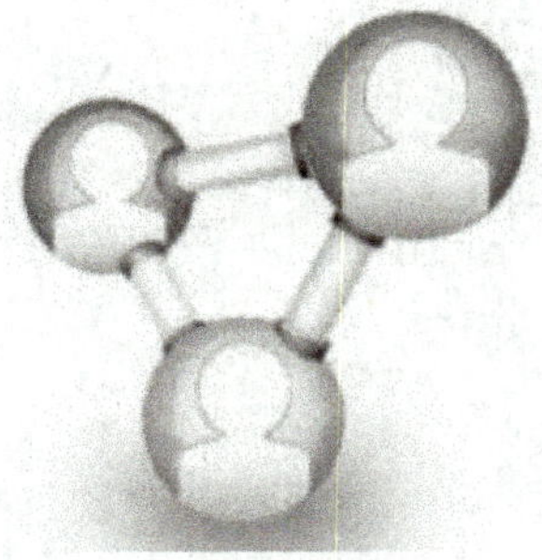

【知识链接】

成本核算方法——品种法

成本核算的基本方法有：品种法、分批法、平行分步法、逐步分步法和作业成本法等，其中，品种法是最基本的方法。

品种法又称简单法，是以产品品种为产品计算对象，归集生产费用，计算产品成本的一种方法，主要运用于大量大批单步骤生产的企业。

一、品种法的特点

1. 以产品品种作为成本计算对象。

品种法以产品品种作为成本计算对象，并据以设置产品成本明细账归集生产费用和计算产品成本。如果企业生产的产品不止一种，就需要以每一种产品作为成本计算对象，分别设置产品成本明细账。

2. 成本计算期与报告期一致。

由于大量大批的生产是不间断的连续生产，无法按照产品的生产周期来归集生产费用、计算产品成本，因而只能定期按月计算产品成本，从而将本月的销售收入与产品生产成本配比，计算本月损益。因此，产品成本是定期按月计算的，与报告期一致，与产品生产周期不一致。

3. 生产费用是否需要在完工产品和在产品之间进行分配。

如果是大量大批的简单生产采用品种法计算产品成本，由于简单生产是一个生产步骤就完成了整个生产过程，所以月末（或者任何时点）一般没有在产品，因此计算产品成本时不需要将生产费用在完工产品和在产品之间进行分配；如果是管理上不要求分步骤计算产品成本的大量大批的复杂生产采用品种法计算产品成本，由于复杂生产是需要经过多个生产步骤的生产，所以月末（或者任何时点）一般生产线上都会有在产品，因此计算产品成本时就需要将生产费用在完工产品和在产品之间进行分配。可分析具体情况，生产费用在完工产品和在产品之间进行分配的各种方法，选择合适的方法进行分配。

二、品种法的适用范围

1. 品种法主要适用于大量大批的单步骤生产企业。

2. 在大量大批多步骤的生产企业中，如果企业规模较小，而且管理上又不要求提供各步骤的成本资料时，也可以采用品种法计算产品成本。

3. 企业的辅助生产车间也可以采用品种法计算产品成本。